HA

F

VOCABULARY

Compiled by
LEXUS

with
Sabine Citron
Heather Lloyd
Raymond Perrez
Pascale Spühler

HARRAP

First published in Great Britain 1987
by Chambers Harrap Publishers Ltd
7 Hopetoun Crescent, Edinburgh EH7 4AY

© Chambers Harrap Publishers Ltd 1987

All rights reserved. No part of this
publication may be reproduced in any
form or by any means without the prior
permission of Chambers Harrap Publishers Ltd.

ISBN 0245 60640 8

Reprinted 1988 (twice), 1989, 1990 (three times),
1991, 1992, 1993, 1994, 1998

Printed in Great Britain by Clays Ltd, St Ives plc

INTRODUCTION

This French vocabulary book has been compiled to meet the needs of those who are learning French and is particularly useful for those taking school examinations.

A total of over 6,000 vocabulary items divided into 64 subject areas gives a wealth of material for vocabulary building, with the words and phrases listed being totally relevant to modern French. The majority of vocabulary items are listed in thematic groupings within each section, thus enabling the user to develop a good mastery of the relevant topic.

An index of approximately 2,000 words has been built up with specific reference to school exam requirements. This index is given in English with cross-references to the section of the book where the French vocabulary item is given.

Abbreviations used in the text:

m	masculine
f	feminine
pl	plural
R	registered trade mark

CONTENTS

CONTENTS

CONTENTS

1. LA DESCRIPTION DES GENS
DESCRIBING PEOPLE

être	to be
avoir	to have
avoir l'air	to look
sembler	to seem
paraître	to seem, to appear
peser	to weigh
décrire	to describe
assez	quite
plutôt	rather
très	very
trop	too
la description	description
l'apparence (f)	appearance
l'allure (f)	look, bearing
la taille	height, size
le poids	weight
les cheveux (m)	hair
une barbe	beard
une moustache	moustache
les yeux (m)	eyes
la peau	skin
le teint	complexion
un bouton	spot, pimple
un grain de beauté	mole, beauty spot
des taches de rousseur (f)	freckles
des rides (f)	wrinkles
des fossettes (f)	dimples
des lunettes (f)	glasses
jeune	young
vieux (vieille)	old
grand	tall
petit	small
de taille moyenne	of average height
gros(se)	fat

obèse	obese
maigre	thin, skinny
mince	thin, slim
musclé	muscular
chétif (chétive)	frail-looking
beau (belle)	beautiful, good-looking, handsome
joli	pretty
mignon(ne)	sweet, cute
laid	ugly
boutonneux (boutonneuse)	spotty
bronzé	sun-tanned
basané	tanned
pâle	pale
ridé	wrinkled
avoir les yeux ...	to have ... eyes
bleus	blue
verts	green
gris	grey
marron	brown
noisette	hazel
noirs	black
gris-bleu	grey-blue
gris-vert	grey-green

comment est-il/elle ?
what's he/she like?

pouvez-vous le/la décrire ?
can you describe him/her?

je mesure/fais 1 mètre 75
I'm 1.75 metres (5 feet 9 inches) tall

je pèse 70 kilos
I weigh 70 kilos (11 stone)

l'homme à la barbe blanche
the man with the white beard

une femme aux yeux bleus
a woman with blue eyes

il a de beaux yeux
he's got beautiful eyes

il a une drôle d'allure
he looks a bit strange

See also Sections 2 CLOTHES, 3 HAIR AND MAKE-UP, 4 BODY, 6 HEALTH *and* 61 DESCRIBING THINGS

2. LES VÊTEMENTS ET LA MODE
CLOTHES AND FASHION

s'habiller	to dress
se déshabiller	to undress
mettre	to put on
enlever	to take off
essayer	to try on
porter	to wear
aller	to suit, to fit

les vêtements — clothes

un manteau	coat
un pardessus	overcoat
un imperméable	raincoat
un anorak	anorak
un K-way	cagoule
un blouson	bomber jacket, blouson
une veste	jacket
un complet veston	suit
un costume	suit
un ensemble	(lady's) suit
un tailleur	lady's suit
un smoking	dinner jacket
un uniforme	uniform
un pantalon	trousers
un pantalon de ski	ski pants
un blue-jean	jeans
un jean	jeans
une salopette	dungarees
un survêtement	track suit
un short	shorts
une robe	dress
une robe du soir	evening dress
une jupe	skirt
une mini-jupe	mini-skirt
une jupe-culotte	culottes

un pull(over)	jumper, sweater
un chandail	(heavy) jumper
un tricot	jumper
un col roulé	polo neck (jumper)
un gilet	waistcoat, cardigan
une chemise	shirt
un chemisier	blouse
une chemise de nuit	nightdress
un pyjama	pyjamas
une robe de chambre	dressing gown
un bikini	bikini
un maillot de bain	swimming costume/trunks
un slip	pants
un soutien-gorge	bra
un gilet de corps	vest
un T-shirt	T-shirt
une combinaison	underskirt
un jupon	petticoat
un porte-jarretelles	suspenders
des bas (*m*)	stockings
des collants (*m*)	tights
des chaussettes (*f*)	socks
des jambières (*f*)	leg warmers
un béret	beret
une casquette	cap
un chapeau	hat

les chaussures   shoes

des chaussures (*f*)	shoes
des souliers (*m*)	shoes
des bottes (*f*)	boots
des bottes en caoutchouc (*f*)	Wellington boots
des chaussures montantes	ankle boots
des baskets (*m*)	trainers
des (chaussures de) tennis (*f*)	gym shoes
des chaussures de ski (*f*)	ski boots
des sandales (*f*)	sandals
des espadrilles (*f*)	espadrilles, beach shoes
des nu-pieds (*m*)	flip-flops

des pantoufles (f)	slippers
une paire de	a pair of
la semelle	sole
le talon	heel
des talons plats	flat heels
des talons aiguilles	stiletto heels

les accessoires — accessories

un chapeau	hat
un chapeau de paille	straw hat
un chapeau de soleil	sun hat
un bonnet	bonnet
une casquette	cap
une écharpe	scarf
un foulard	(head)scarf
des gants (m)	gloves
des moufles (f)	mittens
une cravate	tie
un noeud papillon	bow tie
des bretelles (f)	braces
une ceinture	belt
le col	collar
une poche	pocket
un bouton	button
des boutons de manchette (m)	cufflinks
une fermeture éclair	zip
des lacets (m)	shoelaces
un ruban	ribbon
un mouchoir	handkerchief
un parapluie	umbrella
un sac à main	handbag

les bijoux — jewellery

un bijou	jewel
l'argent (m)	silver
l'or (m)	gold
une pierre précieuse	precious stone
une perle	pearl
un diamant	diamond

une émeraude	emerald
un rubis	ruby
un saphir	sapphire
une bague	ring
des boucles d'oreille (f)	earrings
un bracelet	bracelet, bangle
une broche	brooch
un collier	necklace
une chaîne	chain
une gourmette	chain bracelet
un pendentif	pendant
une montre	watch
des bijoux de pacotille	cheap jewellery
une bague en or	gold ring
un collier de perles	pearl necklace

la taille — size

petit	small
moyen	medium
grand	large
court	short
long(ue)	long
large	wide
ample	loose-fitting
étroit	tight (narrow)
juste	(too) tight
moulant	close-fitting, clinging
la taille	size, waist
la pointure	shoe size
l'encolure (f)	collar size
le tour de hanches	hip measurement
le tour de poitrine	bust/chest measurement
le tour de taille	waist measurement
l'entrejambe	inside leg measurement

les styles — style

le modèle	model, design, style
la couleur	colour
la teinte	colour, shade

le motif	pattern
uni	plain
imprimé	printed
brodé	embroidered
à carreaux	check(ed)
à dessins géométriques	with geometric patterns
à fleurs	flowered, flowery
à plis/plissé	with pleats/pleated
à pois	with polka-dots, spotted
à rayures	striped
chic (same f)	elegant, smart
élégant	elegant
habillé	formal
décontracté	casual
négligé	sloppy
simple	simple, plain
sobre	sober
voyant	loud, gaudy
à la mode	fashionable
démodé	old-fashioned
fait sur mesure	made-to-measure
décolleté	low-cut, low-necked

la mode

fashion

une collection (d'hiver)	(winter) collection
la confection	clothing industry
la couture	dressmaking
le prêt-à-porter	off-the-peg clothes
la haute couture	haute couture, high fashion
un couturier	fashion designer
une couturière	dressmaker
un mannequin	fashion model
un défilé de mode	fashion show

des chaussettes en coton/laine
cotton/woollen socks

c'est en cuir
it's (made of) leather

je voudrais quelque chose de moins cher
I'd like something cheaper

une jupe assortie à cette chemise
a skirt matching this shirt

quelle est votre taille ?
what is your size?

quelle taille/pointure faites-vous ?
what size/size of shoes do you take?

vous chaussez du combien ?
what is your shoe size?

le rouge me va mal
red doesn't suit me

ce pantalon vous va bien
these trousers suit you

See also Sections **14 LIKES AND DISLIKES, 18 SHOPPING, 62 COLOURS** *and* **63 MATERIALS**.

3. LES CHEVEUX ET LE MAQUILLAGE
HAIR AND MAKE-UP

coiffer	to comb
brosser	to brush
couper	to cut
égaliser	to trim
se coiffer	to do one's hair
se peigner	to comb one's hair
se brosser les cheveux	to brush one's hair
se teindre les cheveux	to dye one's hair
se teindre en blond	to dye one's hair blonde
se faire couper les cheveux	to have a hair-cut
se faire teindre les cheveux	to have one's hair dyed
se faire friser les cheveux	to have one's hair curled
se faire faire un brushing	to have a blow-dry
se maquiller	to put one's make-up on
se démaquiller	to remove one's make-up
se parfumer	to put on perfume
se vernir les ongles	to paint one's nails
se raser	to shave

la longueur des cheveux   hair length

avoir les cheveux ...	to have ... hair
courts	short
longs	long
mi-longs	medium-length
ras	close-cropped
être chauve	to be bald

la couleur des cheveux   hair colour

avoir les cheveux ...	to have ... hair
blonds	blonde/fair
bruns	brown
châtain	chestnut

noirs	black
roux	red/ginger
gris	grey
grisonnants	greying
blancs	white
être …	to be …
blond	blonde/fair-haired
brun	dark-haired
roux (rousse)	redheaded

les coiffures   hairstyles

avoir les cheveux …	to have … hair
bouclés	curly
frisés	very curly
ondulés	wavy
raides	straight
fins	fine
épais	thick
teints	dyed
gras	greasy
secs	dry
avoir les cheveux en brosse	to have a crew-cut
la coupe	(hair-)cut
une permanente	perm
un brushing	blow-dry
une boucle	curl
une mèche (de cheveux)	lock (of hair)
des mèches	highlights
une frange	fringe
une queue de cheval	pony tail
un chignon	bun, chignon
une tresse	braid, plait
une natte	plait, pigtail
des pellicules (f)	dandruff
un peigne	comb
une brosse à cheveux	hairbrush
une barrette	hairslide
une épingle à cheveux	hairpin
un bigoudi	roller, curler

un fer à friser	tongs
une perruque	wig
le shampoing	shampoo
le gel	gel
la mousse	mousse
la laque	hair spray

le maquillage — make-up

la beauté	beauty
la crème de beauté	face cream
la crème hydratante	moisturizing cream
le masque de beauté	face pack
la poudre	powder
le poudrier	compact
le fond de teint	foundation cream
le rouge à lèvres	lipstick
le mascara	mascara
le rimmel	mascara
le fard à paupières	eye-shadow
l'ombre à paupières (f)	eye-shadow
le vernis à ongles	nail varnish
le (produit) démaquillant	make-up remover
le dissolvant	nail varnish remover
le parfum	perfume
l'eau de toilette (f)	toilet water
l'eau de Cologne (f)	cologne
le déodorant	deodorant

le rasage — shaving

la barbe	beard
la moustache	moustache
le rasoir	razor
le rasoir électrique	electric shaver
la lame de rasoir	razor blade
le blaireau	shaving brush
la mousse à raser	shaving foam
la lotion après-rasage	after-shave
l'after-shave (m)	after-shave
le baume	balm

4. LE CORPS HUMAIN
THE HUMAN BODY

les parties du corps	parts of the body
la tête	head
le cou	neck
la gorge	throat
la nuque	nape of the neck
une épaule	shoulder
la poitrine	chest, bust
les seins (m)	breasts
le ventre	stomach
le dos	back
le bras	arm
le coude	elbow
la main	hand
le poignet	wrist
le poing	fist
un doigt	finger
le petit doigt	little finger, pinkie
l'index (m)	index finger
le pouce	thumb
un ongle	nail
la taille	waist
la hanche	hip
le derrière	behind, bottom
les fesses (f)	buttocks
la jambe	leg
la cuisse	thigh
le genou	knee
le mollet	calf
la cheville	ankle
le pied	foot
le talon	heel
un orteil	toe

un organe	organ
un membre	limb
un muscle	muscle
un os	bone
le squelette	skeleton
la colonne vertébrale	spine
une côte	rib
la chair	flesh
la peau	skin
le cœur	heart
les poumons (m)	lungs
le tube digestif	digestive tract
l'estomac (m)	stomach
le foie	liver
les reins (m)	kidneys
la vessie	bladder
le sang	blood
une veine	vein
une artère	artery

la tête — the head

le crâne	skull
le cerveau	brain
les cheveux (m)	hair
le visage	face
les traits (m)	features
le front	forehead
les sourcils (m)	eyebrows
les cils (m)	eyelashes
un œil (pl les yeux)	eye
les paupières (f)	eyelids
la pupille	pupil
le nez	nose
la narine	nostril
la joue	cheek
la pommette	cheekbone
la mâchoire	jaw
la bouche	mouth
les lèvres (f)	lips

la langue	tongue
une dent	tooth
une dent de lait	milk tooth
une dent de sagesse	wisdom tooth
le menton	chin
une fossette	dimple
une oreille	ear

See also Sections **6 HEALTH** *and* **7 MOVEMENTS AND GESTURES**.

5. COMMENT VOUS SENTEZ-VOUS ?
HOW ARE YOU FEELING?

se sentir	to feel
devenir	to become
avoir ...	to be ...
chaud	warm/hot
froid	cold
faim	hungry
une faim de loup	ravenous
soif	thirsty
sommeil	sleepy
en avoir marre	to be fed up
affamé	starving, ravenous
en forme	fit, on form
en pleine forme	very fit, on top form
fort	strong
fatigué	tired
épuisé	exhausted
léthargique	lethargic
faible	weak
fragile	frail
bien portant	in good health
en bonne santé	healthy, in good health
malade	sick, ill
éveillé	awake, alert
agité	agitated
mal réveillé	half asleep
endormi	asleep
trempé	soaked
gelé	frozen
trop	too
complètement	totally

il a l'air fatigué
he looks tired

je me sens faible
I feel weak

j'ai trop chaud
I'm too hot

je suis mort de faim !
I'm starving!

je tombe de fatigue
I'm exhausted

je n'en peux plus
I've had enough

je suis à bout de forces
I'm worn out

See also Section **6 HEALTH**.

6. LA SANTE, LES MALADIES ET LES INFIRMITES
HEALTH, ILLNESSES AND DISABILITIES

aller ...	to be ...
bien	well
mal	unwell, ill
mieux	better
tomber malade	to fall ill
attraper	to catch
avoir ...	to have ...
mal à l'estomac	a sore stomach
mal à la tête	a headache
mal à la gorge	a sore throat
mal au dos	backache
mal aux oreilles	earache
des maux de dents	toothache
avoir mal au cœur	to feel sick
avoir le mal de mer	to be/feel seasick
souffrir	to be in pain
souffrir de	to suffer from
être enrhumé	to have a cold
être cardiaque	to have a heart condition
se casser la jambe/le bras	to break one's leg/arm
se fouler/tordre la cheville	to sprain one's ankle
se faire mal à la main	to hurt one's hand
se faire mal au dos	to hurt one's back
faire mal	to hurt
saigner	to bleed
vomir	to vomit
tousser	to cough
éternuer	to sneeze
transpirer	to sweat
trembler	to shake
frissonner	to shiver
avoir de la fièvre	to have a temperature

s'évanouir	to faint
être dans le coma	to be in a coma
faire une rechute	to have a relapse
soigner	to treat, to nurse, to tend
s'occuper de	to look after
appeler	to call
faire venir	to send for
prendre rendez-vous	to make an appointment
examiner	to examine
conseiller	to advise
prescrire	to prescribe
opérer	to operate
se faire opérer	to have an operation
être opéré des amygdales	to have one's tonsils taken out
radiographier	to X-ray
panser	to dress (*wound*)
avoir besoin de	to need
prendre	to take
se reposer	to rest
être en convalescence	to be convalescing
guérir	to heal, to cure, to recover
se remettre	to recover
être au régime	to be on a diet
maigrir	to lose weight
enfler	to swell
s'infecter	to become infected
empirer	to get worse
mourir	to die
malade	ill, sick
souffrant	unwell
faible	weak
guéri	cured
en bonne santé	in good health
vivant	alive
enceinte	pregnant
allergique à	allergic to
anémique	anaemic
épileptique	epileptic
diabétique	diabetic
constipé	constipated

douloureux (douloureuse)	painful, sore
contagieux (contagieuse)	contagious
grave	serious
infecté	infected
enflé	swollen
cassé	broken
foulé	sprained

les maladies

illnesses

une maladie	disease
la douleur	pain
une épidémie	epidemic
une crise	fit, attack
une blessure	wound
une plaie	wound
une entorse	sprain
une fracture	fracture
le saignement	bleeding
la fièvre	fever, temperature
le hoquet	hiccups
un renvoi	burp
la toux	cough, coughing
le pouls	pulse
la température	temperature
la respiration	respiration, breathing
le sang	blood
le groupe sanguin	blood group
la pression	blood pressure
les règles (*f*)	period
un abcès	abscess
une angine	throat infection
une angine de poitrine	angina
l'appendicite (*f*)	appendicitis
l'arthrite (*f*)	arthritis
l'asthme (*m*)	asthma
une attaque	heart attack
un avortement	abortion
la bronchite	bronchitis

le cancer	cancer
une commotion cérébrale	concussion
la constipation	constipation
la coqueluche	whooping cough
une crise cardiaque	heart attack
une crise d'épilepsie	epileptic fit
une crise de foie	upset stomach
une cystite	cystitis
une dépression nerveuse	nervous breakdown
la diarrhée	diarrhoea
l'épilepsie (f)	epilepsy
une fausse couche	miscarriage
la grippe	flu
une hernie	hernia
une indigestion	indigestion
une infection	infection
une insolation	sunstroke
la leucémie	leukemia
un mal de tête	headache
des maux de tête (m)	headache
la migraine	migraine
les oreillons (m)	mumps
une pneumonie	pneumonia
la rage	rabies
les rhumatismes (m)	rheumatism
le rhume	cold
le rhume de cerveau	head cold
le rhume des foins	hay fever
la rougeole	measles
la rubéole	German measles
le SIDA	AIDS
la tuberculose	TB
la typhoïde	typhoid
un ulcère	ulcer
la varicelle	chickenpox
la variole	smallpox

la peau

une brûlure	burn
une coupure	cut
une égratignure	scratch
une morsure	bite
une piqûre d'insecte	insect bite
les démangeaisons (f)	itch
une éruption	rash
l'acné (m)	acne
des boutons (m)	spots
des varices (f)	varicose veins
une verrue	wart
un cor au pied	corn
une ampoule	blister
un bleu	bruise
une cicatrice	scar
un coup de soleil	sunburn

skin complaints

les soins

la médecine	medicine (*science*)
l'hygiène (f)	hygiene
la santé	health
la contraception	contraception
le traitement	(course of) treatment
les soins (m)	healthcare, treatment
les premiers soins (m)	first aid
un hôpital	hospital
une clinique	clinic
un cabinet médical	(doctor's) surgery
une urgence	emergency
une ambulance	ambulance
un brancard	stretcher
un fauteuil roulant	wheelchair
un plâtre	plastercast
des béquilles (f)	crutches
une opération	operation
une anesthésie	anaesthetic
une transfusion sanguine	blood transfusion

treatment

une radio(graphie)	X-ray
un régime	diet
une consultation	consultation
un rendez-vous	appointment
une ordonnance	prescription
la convalescence	convalescence
une rechute	relapse
la guérison	recovery
la mort	death
un médecin	doctor
un docteur	doctor
le médecin de service	duty doctor
un spécialiste	specialist
une infirmière	nurse
un infirmier	male nurse
un(e) malade	patient

les médicaments   medicines

un médicament	medicine (*remedy*)
un remède	medicine (*remedy*)
une pharmacie	chemist's
les antibiotiques (*m*)	antibiotics
un analgésique	pain killer
une aspirine	aspirin
un calmant	tranquillizer
un somnifère	sleeping tablet
un laxatif	laxative
un fortifiant	tonic
les vitamines (*f*)	vitamins
un sirop pour la toux	cough mixture
un cachet	tablet
un comprimé	tablet
une pastille	lozenge, pastille
une pilule	pill
des gouttes (*f*)	drops
le désinfectant	antiseptic
la pommade	ointment
le coton hydrophile	cotton wool

un pansement	plaster, bandage, dressing
le sparadrap	sticking plaster
une serviette hygiénique	sanitary towel
un tampon	tampon
une piqûre	injection
un vaccin	vaccination

chez le dentiste

at the dentist's

un dentiste	dentist
un plombage	filling
un dentier	dentures
une carie	caries
la plaque dentaire	plaque

les infirmités

disabilities

handicapé	disabled
handicapé mental	mentally handicapped
mongolien	Down's syndrome
aveugle	blind
borgne	one-eyed
daltonien(ne)	colour-blind
myope	short-sighted
presbyte	long-sighted
dur d'oreille	hard of hearing
sourd	deaf
sourd(e)-muet(te)	deaf and dumb
infirme	crippled
boiteux (boiteuse)	lame
un(e) handicapé(e)	handicapped person
un handicapé mental	mentally handicapped person
un(e) aveugle	blind person
un(e) infirme	disabled person
une canne	stick
un fauteuil roulant	wheelchair
un appareil acoustique	hearing aid
des lunettes (f)	glasses
des lentilles de contact (f)	contact lenses

comment vous sentez-vous ?
how are you feeling?

je ne me sens pas très bien
I don't feel very well

j'ai envie de vomir
I feel sick

j'ai la tête qui tourne
I feel dizzy

où avez-vous mal ?
where does it hurt?

ce n'est rien de grave
it's nothing serious

j'ai pris ma température
I took my temperature

il a 38 de fièvre
he's got a temperature of 101

elle s'est fait opérer de l'œil
she had an eye operation

avez-vous quelque chose contre ... ?
have you got anything for ...?

See also Section **4 BODY**.

7. LES MOUVEMENTS ET LES GESTES
MOVEMENTS AND GESTURES

les allées et venues	comings and goings
aller	to go
aller voir	to go and see
aller chercher	to go and get, to fetch
apparaître	to appear
arriver	to arrive
boiter	to limp
continuer	to continue, to go on
courir	to run
dépasser	to pass
descendre	to go/come down (stairs)
descendre de	to get off (*train, bus etc*)
disparaître	to disappear
entrer dans	to go/come in(to)
être figé sur place	to be rooted to the spot
faire les cent pas	to pace up and down
faire une promenade	to go for a walk
foncer	to belt along
glisser	to slide (along)
marcher	to walk
marcher à reculons	to walk backwards
monter	to go up (stairs)
monter dans	to get on (*train, bus etc*)
partir	to go away
partir en hâte/vitesse	to rush away
passer (devant)	to go past
passer par	to go through
reculer	to move back
redescendre	to go back down
remonter	to go back up
repartir	to set off again

rentrer	to go/come back (in/home)
ressortir	to go/come back out
rester	to stay, to remain
retourner	to return
revenir	to come back
sautiller	to hop
sauter	to jump
s'approcher (de)	to go/come near
s'arrêter	to stop
se balader	to go for a stroll
se cacher	to hide
se coucher	to lie down
se dépêcher	to hurry
s'en aller	to go away
se mettre en route	to set off
se promener	to have/go for a walk
sortir (de)	to come/go out (of)
suivre	to follow
surgir	to appear suddenly
tituber	to stagger
trainer	to dawdle, to hang around
traverser	to cross, to go through
trébucher	to trip
venir	to come
l'arrivée (f)	arrival
le départ	departure
le début	beginning
la fin	end
l'entrée (f)	entrance
la sortie	exit, way out
le retour	return
la traversée	crossing
une promenade	walk
une balade	walk, stroll
la marche	walking
la démarche	way of walking
un pas	step
le repos	rest
le saut	jump, jumping
le sursaut	start

pas à pas	step by step
à pas feutrés/de loup	stealthily
au pas de course	at a trot, at a run

les actions

actions

attraper	to catch
baisser	to lower, to pull down
bouger	to move
cacher	to hide (*something*)
commencer	to start
enlever	to remove
fermer	to close
finir	to finish
frapper	to hit, to knock
garder	to keep
jeter	to throw (away)
lancer	to throw
lever	to lift, to raise
mettre	to put
ouvrir	to open
poser	to put down, to place
pousser	to push
prendre	to take
recommencer	to start again
s'accouder à	to lean on (*with elbows*)
s'accroupir	to squat down
s'agenouiller	to kneel down
s'allonger	to lie down, to stretch out
s'appuyer (contre/sur)	to lean (against/on)
s'asseoir	to sit down
se baisser	to stoop
se lever	to get/stand up
se pencher (sur)	to lean (over)
se reposer	to (have a) rest
se retourner	to turn round
serrer	to squeeze, to hold tight
sursauter	to give a start, to jump
tenir	to hold

tenir bon	to hold tight, to hang on
tirer	to pull
toucher	to touch
traîner	to drag

les positions — postures

accroupi	squatting
accoudé	leaning on one's elbows
agenouillé	kneeling
à genoux	on one's knees
allongé	lying down
à plat ventre	lying face-down
appuyé (sur/contre)	leaning (on/against)
à quatre pattes	on all fours
assis	sitting, seated
couché	lying down, in bed
debout	standing
étendu	lying stretched out
penché	leaning
suspendu	hanging
immobile	still

les gestes — gestures

baisser les yeux	to look down, to lower one's eyes
cligner des yeux	to blink
donner un coup de pied	to kick
donner un coup de poing	to punch
donner une gifle	to slap
faire un clin d'œil	to wink
faire un geste (de)	to gesture (with)
faire une grimace	to make a face
faire un signe	to make a sign
faire un signe de la main	to signal with one's hand
faire un signe de tête	to signal with one's head
froncer les sourcils	to frown
hausser les épaules	to shrug (one's shoulders)

hocher la tête	to nod
jeter un coup d'œil	to (cast a) glance
lever les yeux	to look up, to raise one's eyes
montrer du doigt	to point at
rire	to laugh
secouer la tête	to shake one's head
sourire	to smile
un bâillement	yawn
un clin d'œil	wink
un coup d'œil	glance
un coup de pied	kick
un coup de poing	punch
un geste	gesture
une gifle	slap
une grimace	grimace
un mouvement	movement
un rire	laugh
un signe	sign, signal, gesture
un sourire	smile

on y est allé en voiture
we went there by car

je vais au collège à pied
I walk to school

il est descendu en courant
he ran downstairs

je suis sorti en courant
I ran out

elle a traversé la rue en courant
she ran across the street

il sera de retour demain
he'll be back tomorrow

8. L'IDENTITE
IDENTITY

le nom

nommer	to name
baptiser	to christen, to call
s'appeler	to be called
se nommer	to be called
surnommer	to give a nickname to
signer	to sign
épeler	to spell
l'identité (f)	identity
la signature	signature
le nom	name
le nom de famille	surname
le prénom	first name
le nom de jeune fille	maiden name
le surnom	nickname
le petit nom	pet name
les initiales (f)	initials
Monsieur (M) Martin	Mister (Mr) Martin
Madame (Mme) Lavigne	Mrs Lavigne
Mademoiselle (Mlle) Pot	Miss Pot
Messieurs	gentlemen
Mesdames	ladies
Mesdemoiselles	young ladies

le sexe

name

sex

une femme	woman
une dame	lady
une fille	girl
un homme	man
un monsieur	gentleman
un garçon	boy

masculin	masculine
féminin	feminine
mâle	male
femelle	female

l'état civil

marital status

naître	to be born
vivre	to live
exister	to exist
mourir	to die
épouser	to marry
se marier (avec)	to get married, to marry
se fiancer	to get engaged
divorcer	to get a divorce
rompre ses fiançailles	to break off one's engagement
célibataire	single
marié	married
fiancé	engaged
divorcé	divorced
séparé	separated
veuf (veuve)	widowed
orphelin	orphaned
un célibataire	bachelor
une vieille fille	old maid, spinster
un vieux garçon	old bachelor
l'époux (*m*)	husband
l'épouse (*f*)	wife
la femme	wife
le mari	husband
l'ex-mari	ex-husband
l'ex-femme	ex-wife
le fiancé	fiancé
la fiancée	fiancée
le marié	bridegroom
la mariée	bride
les jeunes mariés (*m*)	newly-weds
un couple	couple

un veuf	widower
une veuve	widow
un orphelin	orphan (*male*)
une orpheline	orphan (*female*)
une cérémonie	ceremony
la naissance	birth
un baptême	christening
la mort	death
un enterrement	funeral
un mariage	wedding
les fiançailles (*f*)	engagement
un divorce	divorce

l'adresse

address

habiter	to live (*in a place*)
loger	to live (*in a house etc*)
louer	to rent, to let
partager	to share
l'adresse (*f*)	address
le domicile	place of residence
le lieu	place
l'étage (*m*)	floor, storey
le code postal	postcode
le numéro	number
un annuaire	telephone directory
un propriétaire	owner, landlord
un locataire	tenant
un voisin	neighbour
chez	at/to the house of, at/to somebody's
en ville	in/to town
en banlieue	in the suburbs
à la campagne	in the country

la religion	religion
catholique	Catholic
protestant	Protestant
anglican	Anglican
musulman	Muslim
juif (juive)	Jewish
athée	atheist

comment t'appelles-tu/vous appelez-vous ?
what is your name?

je m'appelle Claude Lavigne
my name is Claude Lavigne

il s'appelle Raymond
his name is Raymond

où habites-tu/habitez-vous ?
where do you live?

j'habite à Paris/en France
I live in Paris/in France

c'est au troisième étage
it's on the third floor

j'habite rue Pasteur/au 27, rue de la Paix
I live in rue Pasteur/at 27, rue de la Paix

j'habite ici depuis un an
I've been living here for a year

je vis chez Claude
I'm living at Claude's

See also Section **29 FAMILY AND FRIENDS.**

9. L'AGE
AGE

jeune	young
vieux (vieille)	old
l'âge (*m*)	age
la naissance	birth
la vie	life
la jeunesse	youth
l'adolescence (*f*)	adolescence
la vieillesse	old age
le troisième âge	old age
la date de naissance	date of birth
un anniversaire	birthday
un bébé	baby
un(e) enfant	child
un(e) adolescent(e)	teenager
un adulte	adult
les grandes personnes (*f*)	grown-ups
un jeune	young person
les jeunes (*m*)	young people
une jeune femme	young woman
une jeune fille	girl
un jeune homme	young man
une personne âgée	old person
une vieille femme	old woman
un vieil homme	old man
les vieillards (*m*)	old people

quel âge as-tu ?
how old are you?

j'ai vingt ans
I'm 20 years old

quelle est ta date de naissance ?
when were you born?

le premier mars 1960
on the first of March 1960

en quelle année êtes-vous né(e) ?
what year were you born in?

je suis né(e) à Marseille en 1968
I was born in Marseilles in 1968

un bébé d'un mois
a one-month old baby

un enfant de huit ans
an eight year old child

une fille de seize ans
a sixteen year old girl

une femme d'une trentaine d'années
a woman of about thirty

un homme d'un certain âge
a middle-aged man

une personne du troisième âge
an elderly person

10. LES METIERS ET LE TRAVAIL
JOBS AND WORK

travailler	to work
avoir l'intention de	to intend to
devenir	to become
s'intéresser à	to be interested in
faire des études	to study
faire/suivre une formation	to go on a training course
avoir de l'ambition	to be ambitious
avoir de l'expérience	to have experience
manquer d'expérience	to have no experience
être sans emploi	to be unemployed
être chômeur/chômeuse	to be unemployed
être au/en chômage	to be unemployed
chercher un emploi	to look for work
faire une demande d'emploi	to apply for a job
refuser	to reject
accepter	to accept
engager	to take on
embaucher	to take on
trouver un emploi/du travail	to find a job
réussir	to be successful
gagner	to earn
gagner sa vie	to earn a living
toucher	to earn, to get
payer	to pay
prendre des vacances	to take a holiday
prendre un jour de congé	to take a day off
licencier	to lay off
renvoyer	to dismiss
démissionner	to resign
quitter	to leave
prendre sa retraite	to retire
être en grève	to be on strike
se mettre en grève	to go on strike, to strike

difficile	difficult
facile	easy
intéressant	interesting
passionnant	exciting
ennuyeux (ennuyeuse)	boring
dangereux (dangereuse)	dangerous
important	important
utile	useful
social	social

les travailleurs

people at work

un acteur, une actrice	actor/actress
un agent de police, une femme agent (de police)	policeman/woman
un agriculteur	farmer
un ambulancier	ambulance man
un architecte	architect (*male and female*)
un(e) artiste	artist
un(e) assistant(e) social(e)	social worker
un(e) astronaute	astronaut
un astronome	astronomer (*male and female*)
un(e) avocat(e)	lawyer
un berger, une bergère	shepherd(ess)
un bijoutier, une bijoutière	jeweller
une bonne	maid
un boucher, une bouchère	butcher
un boulanger, une boulangère	baker
un cadre, une femme cadre	executive/woman executive
un cadre supérieur	senior executive (*male and female*)
un camionneur	lorry driver
un chanteur, une chanteuse	singer
un charpentier	carpenter
un chauffeur de taxi	taxi driver (*male and female*)
un chauffeur d'autobus	bus driver (*male and female*)
un chirurgien	surgeon (*male and female*)
un coiffeur, une coiffeuse	hairdresser
un(e) comédien(ne)	actor/actress, comedian
un(e) commerçant(e)	shopkeeper

un(e) comptable	accountant
un(e) concierge	caretaker, janitor
un conducteur	driver
un conseiller, une conseillère	counsellor, adviser
un conseiller d'orientation	careers adviser
un contremaître, une contremaîtresse	foreman/woman
un contrôleur, une contrôleuse	(ticket) inspector, conductor
un cordonnier, une cordonnière	cobbler
un couturier, une couturière	dressmaker, fashion designer
un cuisinier, une cuisinière	cook
un curé	priest
une (sténo-)dactylo	(shorthand-)typist
un décorateur, une décoratrice	(interior) decorator
un déménageur	removal man
un dentiste	dentist (*male and female*)
un dessinateur, une dessinatrice	graphic artist, cartoonist
un directeur, une directrice	manager, director, headteacher
un docteur	doctor (*male and female*)
un douanier, une douanière	customs officer
un éboueur	dustman
un écrivain	writer (*male and female*)
un(e) électricien(ne)	electrician
un(e) employé(e)	employee
un(e) employé(e) de banque	bank clerk
un(e) employé(e) de bureau	office worker
un(e) enseignant(e)	teacher
un épicier, une épicière	grocer
un(e) étudiant(e)	student
un facteur, une femme facteur	postman/woman
une femme d'affaires	businesswoman
une femme de chambre	chambermaid
une femme de ménage	cleaner
un fermier, une fermière	farmer
un(e) fleuriste	florist

un(e) fonctionnaire	civil servant
un(e) garagiste	garage owner, garage mechanic
un garçon de café	waiter
un gendarme	policeman (*in countryside or small town*)
un(e) guide de tourisme	tourist guide
un homme d'affaires	businessman
un homme politique	politician
un horloger, une horlogère	watchmaker
une hôtesse de l'air	air hostess
un infirmier, une infirmière	nurse
un ingénieur	engineer (*male and female*)
un(e) interprète	interpreter
un jardinier, une jardinière	gardener
une jardinière d'enfants	kindergarten teacher
un(e) journaliste	journalist
un juge	judge (*male and female*)
un(e) libraire	bookseller
un livreur	delivery man
un maçon	builder, bricklayer
un(e) maître(sse) d'école	primary school teacher
un mannequin	model (*male and female*)
un manœuvre	labourer, unskilled worker
un(e) marchand(e)	shopkeeper, merchant, dealer
un(e) marchand(e) de journaux	newsagent
un(e) marchand(e) de meubles	furniture dealer
un marin	sailor
un matelot	sailor
un(e) mécanicien(ne)	mechanic
un médecin	doctor (*male and female*)
un militaire	serviceman
un mineur	miner
un moine	monk
un moniteur, une monitrice	instructor
une nurse	nanny
un officier	(army) officer
une ouvreuse	usherette
un ouvrier, une ouvrière	(factory) worker
un ouvrier spécialisé (OS)	semi-skiller worker
un pasteur	minister

un pâtissier, une pâtissière	confectioner, pastrycook
un(e) patron(ne)	owner, manager, boss
un pêcheur, une pêcheuse	fisherman/woman
un peintre	painter (*male and female*)
un peintre en bâtiment	painter and decorator (*male and female*)
un(e) pharmacien(ne)	chemist, pharmacist
un(e) photographe	photographer
un(e) physicien(ne)	physicist
un pilote	pilot
un plombier	plumber
un poissonnier, une poissonnière	fishmonger
un pompier	fireman
un présentateur, une présentatrice	presenter, newsreader
un prêtre	priest
un professeur	teacher, lecturer (*male and female*)
un psychiatre	psychiatrist (*male and female*)
un(e) psychologue	psychologist
un(e) réceptionniste	receptionist
une religieuse	nun
un reporter	reporter (*male and female*)
un(e) représentant(e) (de commerce)	sales representative
un savant	scientist, scholar (*male and female*)
un(e) secrétaire	secretary
un serveur, une serveuse	waiter/waitress
un serviteur	servant
un soldat	soldier
une speakerine	TV announcer (*female*)
un(e) standardiste	switchboard operator
une sténodactylo	shorthand-typist
un steward	steward
un tailleur	tailor
un(e) technicien(ne)	technician
un traducteur, une traductrice	translator

une vedette	star (*male and female*)
un vendeur, une vendeuse	shop assistant, salesperson
un vétérinaire	veterinary surgeon (*male and female*)

le monde du travail   the world of work

un travailleur, une travailleuse	worker
un chômeur, une chômeuse	unemployed person
un demandeur/une demandeuse d'emploi	person seeking work
un employeur	employer
un(e) patron(ne)	boss
le patronat	employers
la direction	management
le personnel	staff, personnel
un(e) collègue	colleague
un(e) apprenti(e)	trainee, apprentice
un(e) stagiaire	trainee
un(e) gréviste	striker
un(e) retraité(e)	retired person, pensioner
un(e) syndicaliste	trade unionist
l'avenir (*m*)	the future
une carrière	career
une profession	profession, occupation
un métier	job, trade (*learnt*)
un métier d'avenir	job with good prospects
les débouchés (*m*)	openings
une situation	post, job
un poste	post, job
un stage (de formation)	training course
un apprentissage	apprenticeship
la formation	training
la formation permanente	continuing education
un diplôme	qualification, degree, diploma
un certificat	certificate, diploma
une licence	degree
un emploi	job, employment
un emploi temporaire	temporary job
un emploi à mi-temps	part-time job

un emploi à plein temps	full-time job
le secteur	sector
la recherche	research
l'informatique (f)	computer science
les affaires (f)	business
le commerce	trade
l'industrie (f)	industry
une entreprise	company
une société	company
un bureau	office
une usine	factory
un atelier	workshop
un magasin	shop
un laboratoire	laboratory
le travail	work, job
les vacances (f)	holidays
les congés (m)	holidays, leave
un congé-maladie	sick-leave
les congés payés (m)	paid holiday
un contrat (de travail)	contract of employment
une demande d'emploi	job application
un formulaire	form
une annonce	ad
les offres d'emploi (f)	situations vacant
une entrevue	interview
le salaire	salary, wages
la paye	pay, wages
le traitement	salary
la sécurité sociale	social security
l'horaire à la carte (m)	flexitime
la semaine de 40 heures	forty hour week
les impôts (m)	taxes
une augmentation	pay rise
un voyage d'affaires	business trip
une réunion	meeting
le licenciement (économique)	redundancy (for economic reasons)
la retraite	pension
un syndicat	trade union
une grève	strike

que fait-il/elle dans la vie ?
what does he/she do for a living?

il est médecin
he's a doctor

elle est architecte
she's an architect

qu'aimeriez-vous faire plus tard ?
what would you like to do for a living?

quels sont vos projets d'avenir ?
what are your plans for the future?

j'aimerais être artiste
I'd like to be an artist

j'ai l'intention de faire des études de médecine
I intend to study medicine

ce qui compte le plus pour moi, c'est le salaire/le temps libre
what matters most for me is the pay/free time

ce qui m'intéresse le plus, c'est le théâtre
what I'm most interested in is the theatre

11. LE CARACTERE ET LE COMPORTEMENT
CHARACTER AND BEHAVIOUR

se comporter	to behave
se conduire	to behave
se dominer	to control oneself
obéir à	to obey
désobéir à	to disobey
permettre	to allow
laisser	to let
empêcher	to prevent
interdire	to forbid
désapprouver	to disapprove
gronder	to scold
se faire gronder	to be told off
se fâcher	to get angry
s'excuser	to apologise
pardonner	to forgive
punir	to punish
récompenser	to reward
oser	to dare
insulter	to insult
l'arrogance (f)	arrogance
la bonté	goodness, kindness
le caractère	character
le charme	charm
le comportement	behaviour
la conduite	behaviour
la cruauté	cruelty
l'embarras (m)	embarrassment
l'envie (f)	envy
l'étourderie (f)	heedlessness
une excuse	excuse
des excuses	apology, apologies
la fierté	pride
la folie	folly, madness

la gaieté	cheerfulness
la gentillesse	kindness
la grossièreté	coarseness
l'habileté (f)	skilfulness
l'honnêteté (f)	honesty
l'humanité (f)	humanity
l'humeur (f)	mood
l'humour (m)	humour
l'impatience (f)	impatience
l'impolitesse (f)	rudeness
l'insolence (f)	insolence
l'instinct (m)	instinct
l'intelligence (f)	intelligence
l'intolérance (f)	intolerance
la jalousie	jealousy
la joie	joy, delight
la malice	mischief, spite
la méchanceté	nastiness, naughtiness
l'obéissance (f)	obedience
l'orgueil (m)	pride
la paresse	laziness
la patience	patience
la permission	permission
la politesse	politeness
la possessivité	possessiveness
la prudence	caution
une punition	punishment
une récompense	reward
une réprimande	telling-off
la ruse	craftiness, trick
la sagesse	good behaviour, wisdom
la timidité	shyness, timidity
la tristesse	sadness
la vanité	vanity
la vantardise	boastfulness
actif (active)	active
affectueux (affectueuse)	affectionate
agréable	nice, pleasant
aimable	kind, nice

CHARACTER AND BEHAVIOUR 11

amical	friendly
amusant	amusing
appliqué	industrious
arrogant	arrogant
astucieux (astucieuse)	astute
avisé	shrewd
bavard	talkative
bête	silly, stupid
bizarre	strange
bon(ne)	good
brave	good, decent
calme	quiet, calm
charmant	charming
content	glad, pleased
coquin	mischievous, naughty
courageux (courageuse)	courageous
cruel(le)	cruel
curieux (curieuse)	curious
désobéissant	disobedient
désolé	sorry
désordonné	untidy
discret (discrète)	discreet
distrait	absent-minded
drôle	funny
effronté	cheeky
embarrassé	embarrassed
ennuyeux (ennuyeuse)	troublesome, boring
envieux (envieuse)	envious
espiègle	mischievous
étourdi	scatterbrained
étrange	strange
fâché	angry
fier (fière)	proud
formidable	terrific
fou (folle)	mad
gai	cheerful
gêné	embarrassed
gentil(le)	kind, nice
grossier (grossière)	rude, coarse
habile	skilful

heureux (heureuse)	happy
honnête	honest
idiot	stupid
impatient	impatient
impoli	rude
impulsif (impulsive)	impulsive
inadmissible	inadmissible
indifférent	indifferent
insolent	insolent
instinctif (instinctive)	instinctive
intelligent	intelligent
intolérant	intolerant
jaloux (jalouse)	jealous
joyeux (joyeuse)	joyful, cheerful
maladroit	clumsy
malheureux (malheureuse)	unhappy
malicieux (malicieuse)	mischievous
mauvais	bad
méchant	nasty, naughty
modeste	modest
naïf (naïve)	naïve
naturel(le)	natural
obéissant	obedient
obstiné	stubborn
optimiste	optimistic
orgueilleux (orgueilleuse)	proud
paresseux (paresseuse)	lazy
patient	patient
pauvre	poor
pessimiste	pessimistic
poli	polite
possessif (possessive)	possessive
prudent	cautious, careful
raisonnable	sensible, reasonable
respectable	respectable
respectueux (respectueuse)	respectful
rusé	wily
sauvage	unsociable
sage	good (*child*), wise
sensationnel(le)	terrific

sensible	sensitive
sérieux (sérieuse)	serious
spirituel(le)	witty
stupide	stupid
sûr	sure
surprenant	surprising
sympathique	nice, pleasant
timide	shy, timid
tolérant	tolerant
triste	sad
vaniteux (vaniteuse)	vain
vantard	boastful

je la trouve très sympathique
I think she's very nice

il est de (très) bonne/mauvaise humeur
he's in a (very) good/bad mood

il a bon/mauvais caractère
he is good/ill-natured

elle a eu l'amabilité de me prêter sa voiture
she was good enough to lend me her car

excusez-moi de vous déranger
I'm sorry to disturb you

je suis (absolument) désolé
I'm (really) sorry

je vous présente toutes mes excuses
I do apologise

il s'est excusé de son insolence auprès du professeur
he apologised to the teacher for being cheeky

12. LES EMOTIONS
EMOTIONS

la colère

se fâcher
se mettre en colère
être en colère
être fou de rage
s'indigner
s'exciter
crier
frapper
gifler

la colère
l'indignation (f)
la tension
le stress
le cri
le coup
la gifle

fâché
furieux (furieuse)
maussade
ennuyeux (ennuyeuse)

anger

to get angry
to get angry
to be angry
to be fuming
to become indignant
to get excited/worked up
to shout
to hit
to slap (on the face)

anger
indignation
tension
stress
cry, shout
blow
slap (on the face)

annoyed, angry
furious
sullen
annoying, boring

la tristesse

pleurer
fondre en larmes
sangloter
soupirer
bouleverser
choquer
consterner
décevoir
déconcerter

sadness

to weep, to cry
to burst into tears
to sob
to sigh
to distress, to shatter
to shock
to dismay
to disappoint
to disconcert

déprimer	to depress
désoler	to distress
émouvoir	to move, to affect
toucher	to affect, to touch
troubler	to disturb, to trouble
avoir pitié de	to take pity on
consoler	to comfort, to console
le chagrin	grief, sorrow
la tristesse	sadness
la déception	disappointment
la dépression	depression
le mal du pays	homesickness
la mélancolie	melancholy
la nostalgie	nostalgia, homesickness
la souffrance	suffering
une larme	tear
un sanglot	sob
un soupir	sigh
l'échec (m)	failure
la malchance	bad luck
le malheur	misfortune, bad luck
triste	sad
bouleversé	shattered
déçu	disappointed
déprimé	depressed
désabusé	disenchanted
désolé	sorry
ému	moved, touched
mélancolique	gloomy
morose	morose
navré	heartbroken

la peur et le souci — fear and worry

avoir peur (de)	to be frightened (of)
craindre	to fear
effrayer	to frighten
faire peur à	to frighten
se faire du souci	to worry

s'inquiéter de	to worry about
trembler	to tremble
la peur	fear
la crainte	fear
l'effroi (*m*)	terror, dread
la frayeur	fright
un frisson	shiver
le choc	shock
la consternation	consternation
des ennuis (*m*)	trouble
des inquiétudes (*f*)	anxieties
un problème	problem
un souci	worry
craintif (craintive)	fearful
effrayé	afraid
effrayant	frightening
mort de peur	petrified
inquiet (inquiète)	worried, anxious
nerveux (nerveuse)	nervous

la joie et le bonheur   joy and happiness

s'amuser	to enjoy oneself
se réjouir de	to be delighted about
rire (de)	to laugh (at)
éclater de rire	to burst out laughing
avoir le fou rire	to have the giggles
sourire	to smile
le bonheur	happiness
la joie	joy
la satisfaction	satisfaction
le rire	laugh
un éclat de rire	burst of laughter
des rires (*m*)	laughter
un sourire	smile
l'amour (*m*)	love
la chance	luck
le coup de foudre	love at first sight

la réussite	success
la surprise	surprise
ravi	delighted
content	pleased
heureux (heureuse)	happy
radieux (radieuse)	radiant
amoureux (amoureuse)	in love

il leur a fait peur
he frightened them

il a peur des chiens
he's frightened of dogs

je suis désolé d'apprendre cette nouvelle
I'm very sorry to learn this news

son frère lui manque
he/she misses his/her brother

j'ai le mal du pays
I'm homesick

sa réussite l'a rendu très heureux
his success made him very happy

elle a de la chance
she is lucky

il est amoureux de Marie-Agnès
he's in love with Marie-Agnès

13. LES SENS
THE SENSES

la vue	sight
voir	to see
regarder	to look at, to watch
observer	to observe, to watch
examiner	to examine, to study closely
remarquer	to notice
revoir	to see again
entrevoir	to catch a glimpse of
loucher (sur)	to squint (at)
jeter un coup d'œil à	to glance at
regarder fixement	to stare at
regarder furtivement	to peek at
allumer	to switch on (the light)
éteindre	to switch off (the light)
éblouir	to dazzle
aveugler	to blind
éclairer	to light up
apparaître	to appear
disparaître	to disappear
réapparaître	to reappear
regarder la télé	to watch TV
observer au microscope	to observe under the microscope
la vue	sight (*sense*), view
le spectacle	sight (*seen*), show
la vision	vision
la couleur	colour
la lumière	light
la clarté	brightness
l'obscurité (*f*)	darkness
l'œil (*pl* yeux)	eye
les lunettes (*f*)	glasses
les lunettes de soleil (*f*)	sun glasses
les lentilles de contact (*f*)	contact lenses

la loupe	magnifying glass
les jumelles (f)	binoculars
le microscope	microscope
le téléscope	telescope
le braille	Braille
brillant	bright
clair	light
éblouissant	dazzling
obscur	dark
sombre	dark

l'ouïe — hearing

entendre	to hear
écouter	to listen to
chuchoter	to whisper
chanter	to sing
fredonner	to hum
siffler	to whistle
bourdonner	to buzz
bruire	to rustle
grincer	to creak
sonner	to ring
tonner	to thunder
vrombir	to hum (*engine*)
assourdir	to deafen
se taire	to be silent
tendre/dresser l'oreille	to prick up one's ears
claquer la porte	to slam the door
franchir le mur du son	to break the sound barrier
l'ouïe (f)	hearing
le bruit	noise, sound
le son	sound
le vacarme	racket
la voix	voice
l'écho (m)	echo
le chuchotement	whisper
la chanson	song
le bourdonnement	buzzing

le crépitement	crackling
l'explosion (f)	explosion
le grincement	creaking
la sonnerie	ringing
le tonnerre	thunder
l'oreille (f)	ear
le haut-parleur	loudspeaker
la sonorisation	public address system
un interphone	intercom
les écouteurs (m)	earphones
le casque	headset
un walkman (R)	personal stereo
la radio	radio
la sirène	siren
le morse	Morse code
les boules Quiès (f)(R)	earplugs
un appareil acoustique (m)	hearing-aid
bruyant	noisy
silencieux (silencieuse)	silent
mélodieux (mélodieuse)	melodious
fort	loud
faible	faint
assourdissant	deafening
sourd	deaf
dur d'oreille	hard of hearing

le toucher   touch

toucher	to touch
caresser	to stroke
chatouiller	to tickle
frotter	to rub
frapper	to knock, to hit
gratter	to scratch
le toucher	touch
le froid	cold
le chaud	warm
la caresse	stroke
le coup	blow

la poignée de main	handshake
le bout des doigts	fingertips
lisse	smooth
rugueux (rugueuse)	rough
doux (douce)	soft
dur	hard
chaud	hot
froid	cold

le goût — taste

goûter	to taste
boire	to drink
manger	to eat
lécher	to lick
siroter	to sip
engloutir	to gobble up
savourer	to savour
avaler	to swallow
mâcher	to chew
saliver	to salivate
saler	to salt
sucrer	to sweeten
épicer	to spice
le goût	taste
la bouche	mouth
la langue	tongue
la salive	saliva
les papilles gustatives (f)	taste buds
l'appétit (m)	appetite
appétissant	appetizing
alléchant	mouth-watering
délicieux (délicieuse)	delicious
dégoûtant	horrible
doux (douce)	sweet
sucré	sweet
salé	salted, salty
acide	tart
aigre	sharp, sour

amer (amère)	bitter
rance	rancid
épicé	spicy, hot
fort	strong, hot
fade	tasteless

l'odorat

smell

sentir	to smell, to smell of
flairer	to scent, to detect
renifler	to sniff
puer	to stink
parfumer	to perfume
sentir bon/mauvais	to smell nice/nasty
l'odorat (*m*)	(sense of) smell
l'odeur (*f*)	smell
la senteur	scent
le parfum	perfume
l'arôme (*m*)	aroma, fragrance
la puanteur	stench
la fumée	smoke
le nez	nose
les narines (*f*)	nostrils
parfumé	fragrant, scented
puant	stinking
enfumé	smoky
inodore	odourless
nasal	nasal

il fait noir dans la cave
it's dark in the cellar

j'ai entendu l'enfant qui chantait
I heard the child singing

c'est lisse au toucher
it feels soft

cela me fait venir l'eau à la bouche
it makes my mouth water

ce café a un goût de savon
this coffee tastes of soap

ce chocolat a un drôle de goût
this chocolate tastes funny

ça sent bon/mauvais
it smells good/bad

cette pièce sent la fumée
this room smells of smoke

ça sent le renfermé ici
it's stuffy in here

See also Sections **4 BODY**, **6 HEALTH**, **16 FOOD** *and* **62 COLOURS**.

14. LES GOUTS ET LES PREFERENCES
LIKES AND DISLIKES

aimer	to like, to love
adorer	to adore
apprécier	to appreciate
chérir	to cherish
idolâtrer	to idolize
ne pas aimer	to dislike
détester	to hate
haïr	to hate
avoir horreur de	to hate
mépriser	to despise
rejeter	to reject
aimer mieux	to prefer
préférer	to prefer
choisir	to choose
hésiter	to hesitate
décider	to decide
comparer	to compare
avoir besoin de	to need
avoir envie de	to feel like
désirer	to want, to wish for
vouloir	to want
souhaiter	to wish for
l'amour (m)	love
le goût	taste
le penchant	liking
une aversion	strong dislike
la haine	hate
le mépris	scorn
le choix	choice
la comparaison	comparison
la préférence	preference

le contraire	contrary, opposite
le contraste	contrast
la différence	difference
la similitude	similarity
le besoin	need
le désir	wish, desire
l'intention (f)	intention
le souhait	desire
préféré	favourite
favori(te)	favourite
comparable (à)	comparable (to)
différent (de)	different (from)
égal	equal
identique (à)	identical (to)
pareil(le) (à)	the same (as)
semblable à	similar to, like
similaire	similar
comme	like
en comparaison de	in comparison with
par rapport à	in relation to
plus	more
moins	less
beaucoup	a lot
énormément	enormously, a great deal
beaucoup plus/moins	a lot more/less
bien plus/moins	quite a lot more/less
mieux	better

ce livre me/leur plaît
I/they like this book

le rouge est ma couleur préférée
red is my favourite colour

je préfère le café au thé
I prefer coffee to tea

j'aime mieux rester à la maison
I'd rather stay at home

ça me fait plaisir de vous voir
I'm pleased to see you

j'ai envie de sortir
I'd like to go out

15. LA JOURNEE ET LE SOMMEIL
DAILY ROUTINE AND SLEEP

se réveiller	to wake up
se lever	to get up
s'étirer	to stretch
bâiller	to yawn
être mal réveillé	to be half asleep
faire la grasse matinée	to have a long lie
dormir trop tard	to oversleep
ouvrir les rideaux	to open the curtains
ouvrir les volets	to open the shutters
se laver	to wash
faire sa toilette	to have a wash
se débarbouiller	to wash one's face
se laver les mains	to wash one's hands
se laver/brosser les dents	to brush one's teeth
se laver les cheveux	to wash one's hair
prendre une douche	to have a shower
prendre un bain	to have a bath
se savonner	to soap oneself down
se sécher	to dry oneself
s'essuyer les mains	to dry one's hands
se raser	to shave
aller aux toilettes	to go to the toilet
s'habiller	to get dressed
se coiffer	to comb one's hair
se brosser les cheveux	to brush one's hair
se maquiller	to put on make-up
mettre ses lentilles de contact	to put in one's contact lenses
mettre son dentier	to put in one's false teeth
faire son lit	to make the bed
allumer la radio/télévision	to switch the radio/television on
éteindre la radio/télévision	to switch the radio/television off
prendre son petit déjeuner	to have breakfast

donner à manger au chat/chien	to feed the cat/dog
arroser les plantes	to water the plants
préparer ses affaires	to get ready
aller à l'école	to go to school
aller au bureau	to go to the office
aller travailler	to go to work
prendre le bus	to take the bus
rentrer à la maison	to go/come home
rentrer de l'école	to come back from school
rentrer du travail	to come back from work
faire ses devoirs	to do one's homework
se reposer	to have a rest
faire la sieste	to have a nap
regarder la télé(vision)	to watch television
lire	to read
jouer	to play
goûter	to have something to eat *(after school)*
dîner	to have dinner
verrouiller la porte	to lock the door
se déshabiller	to undress
fermer les rideaux	to draw the curtains
fermer les volets	to close the shutters
(aller) se coucher	to go to bed
border	to tuck in
mettre son réveil	to set the alarm clock
éteindre la lumière	to switch the light off
s'endormir	to fall asleep
dormir	to sleep
avoir des insomnies	to suffer from insomnia
passer une nuit blanche	to have a sleepless night

la toilette

washing

le savon	soap
la serviette de toilette	towel
le drap de bain	bath towel
l'essuie-mains (*m*)	hand towel
le gant de toilette	flannel
le gant de crin	massage glove
une éponge	sponge
une brosse	brush
un peigne	comb
la brosse à dents	toothbrush
le dentifrice	toothpaste
le shampoing	shampoo
le bain moussant	bubble bath
les sels de bain (*m*)	bath salts
le déodorant	deodorant
le papier hygiénique	toilet paper
le sèche-cheveux	hair dryer
le pèse-personne	scales

le lit

bed

un oreiller	pillow
un traversin	bolster
un drap	sheet
une couverture	blanket
une couverture supplémentaire	extra blanket
une couette	continental quilt
un édredon	duvet
le matelas	mattress
le couvre-lit	bedspread
une couverture chauffante	electric blanket
une bouillotte	hot-water bottle
d'habitude	usually
le matin	in the morning
le soir	in the evening
tous les matins	every morning
ensuite	then

je mets mon réveil à sept heures
I set my alarm clock for seven

je ne suis pas un couche-tard ; je me couche de bonne heure
I'm not a night owl; I go to bed early

j'ai dormi comme un loir
I slept like a log

See also Sections **16 FOOD**, **17 HOUSEWORK**, **23 MY ROOM** *and* **54 DREAMS**.

16. LA NOURRITURE
FOOD

manger	to eat
boire	to drink
goûter	to taste
fumer	to smoke

les repas

meals

le petit déjeuner	breakfast
le déjeuner	lunch
le dîner	dinner
le goûter	tea (*afternoon snack*)
la nourriture	food
le pique-nique	picnic
le casse-croûte	snack

les différents plats

courses

l'entrée (*f*)	starter
les hors-d'œuvre (*m*)	hors d'oeuvre, appetizer
le plat principal	main course
le plat du jour	today's special (*in a restaurant*)
le dessert	sweet
le fromage	cheese
un sandwich	sandwich

les boissons

drinks

l'eau (*f*)	water
l'eau minérale (*f*)	mineral water
une eau minérale gazeuse	sparkling mineral water
le lait	milk
le lait écrémé	skimmed milk
un lait grenadine	milk with grenadine cordial

le thé	tea
un thé citron	lemon tea
un thé au lait	tea with milk
le café	coffee (*black*)
un (café) crème	white coffee
un café au lait	white coffee
une infusion	herb tea
le tilleul	lime tea
la camomille	camomile tea
la verveine	verbena tea
la menthe	mint tea
un chocolat (chaud)	hot chocolate
un sirop	cordial
un jus de fruit	fruit juice
un jus de pomme	apple juice
un jus d'orange	orange juice
une orange pressée	fresh orange juice
un citron pressé	fresh lemon juice
un coca (*R*)	coke (*R*)
une limonade	lemonade
une orangeade	orangeade
une bière	beer
un panaché	shandy
le cidre	cider
le vin	wine
du vin rouge	red wine
du vin blanc	white wine
du rosé	rosé wine
du bordeaux	claret
du bourgogne	burgundy
le champagne	champagne
un blanc cassis	white wine with blackcurrant cordial
un kir	white wine with blackcurrant liqueur
un apéritif	aperitif
une liqueur	liqueur
un pastis	aniseed-flavoured aperitif

les condiments et les fines herbes

seasonings and herbs

le sel	salt
le poivre	pepper
le sucre	sugar
la moutarde	mustard
le vinaigre	vinegar
l'huile (f)	oil
l'ail (m)	garlic
un oignon	onion
les épices (f)	spices
les fines herbes (f)	herbs
le persil	parsley
le thym	thyme
le basilic	basil
l'estragon (m)	tarragon
la ciboulette	chives
une feuille de laurier	bay leaf
la noix de muscade	nutmeg
le gingembre	ginger
la sauce	sauce
la mayonnaise	mayonnaise
la vinaigrette	French dressing

le petit déjeuner

breakfast

le pain	bread
le pain complet	wholemeal bread
la baguette	French loaf
les biscottes	rusks
une tartine	bread and butter
une tartine au miel	slice of bread and honey
du pain grillé	toast
le croissant	croissant
le beurre	butter
la margarine	margarine
la confiture	jam
la confiture d'orange	marmalade
le miel	honey
les corn-flakes (m)	cornflakes

les fruits

fruit

un fruit	piece of fruit
une pomme	apple
une poire	pear
un abricot	apricot
une pêche	peach
une prune	plum
un brugnon	nectarine
un melon	melon
un ananas	pineapple
une banane	banana
une orange	orange
un pamplemousse	grapefruit
une mandarine	tangerine
un citron	lemon
une fraise	strawberry
une framboise	raspberry
une mûre	blackberry
une groseille rouge	redcurrant
le cassis	blackcurrant
une cerise	cherry
du raisin	grapes

les légumes

vegetables

un légume	vegetable
des petits pois (*m*)	peas
des haricots verts (*m*)	green beans
des poireaux (*m*)	leeks
une pomme de terre	potato
des frites (*f*)	chips
des pommes chips (*f*)	crisps
la purée	mashed potatoes
des pommes de terre en robe de chambre (*f*)	jacket potatoes
des pommes de terre en robe des champs (*f*)	jacket potatoes
une carotte	carrot
un chou	cabbage

un chou-fleur	cauliflower
des choux de Bruxelles (m)	Brussels sprouts
une laitue	lettuce
des épinards (m)	spinach
un champignon	mushroom
un artichaut	artichoke
une asperge	asparagus
un poivron (vert)	(green) pepper
une aubergine	aubergine
des brocolis (m)	broccoli
des courgettes (f)	courgettes
du maïs	corn
un radis	radish
une tomate	tomato
un concombre	cucumber
un avocat	avocado
des crudités (f)	chopped raw vegetables
la salade	salad
une salade niçoise	salad with tomatoes, olives and anchovies
le riz	rice

la viande — meat

le porc	pork
le veau	veal
le bœuf	beef
l'agneau (m)	lamb
le mouton	mutton
la viande de cheval	horsemeat
le poulet	chicken
la dinde	turkey
le canard	duck
la volaille	poultry
les escargots (m)	snails
des cuisses de grenouille (f)	frogs' legs
un steak	steak
un steak frites	steak with chips
un steak tartare	raw minced beef with a raw egg
un bifteck	steak

une escalope	escalope
un rôti	joint
le rosbif	roast beef
le gigot d'agneau	leg of lamb
le ragoût	stew
la viande hachée	mince
le hamburger	hamburger
des rognons (m)	kidneys
le foie	liver
la charcuterie	sausages, ham and pâtés
le jambon	ham
le foie gras	liver pâté
le pâté	pâté
le boudin	black pudding
un saucisson	salami-type sausage
une saucisse	sausage

le poisson   fish

le merlan	whiting
la morue	cod
des sardines (f)	sardines
la sole	sole
le thon	tuna fish
la truite	trout
le saumon	salmon
le saumon fumé	smoked salmon
les fruits de mer (m)	seafood
le homard	lobster
les huîtres (f)	oysters
les crevettes (f)	prawns
les moules (f)	mussels

les œufs   eggs

un œuf	egg
un œuf à la coque	boiled egg
un œuf sur le plat	fried egg
des œufs au jambon	ham and eggs
des œufs brouillés	scrambled eggs
une omelette	omelette

les pâtes

les pâtes (f)	pasta
les nouilles (f)	noodles
les spaghetti (m)	spaghetti
les macaroni (m)	macaroni

pasta

les plats cuisinés

le potage	soup
le cassoulet	casserole with beans, pork or mutton and sausages
le bœuf bourguignon	beef cooked in red wine
un gratin	baked cheese dish
le gratin dauphinois	potatoes baked in milk with cheese
un pot-au-feu	beef and vegetable stew
la ratatouille	vegetables cooked in olive oil
cuit	cooked
trop cuit	overdone
bien cuit	well done
à point	medium (*meat*)
saignant	rare (*meat*)
pané	covered in breadcrumbs
farci	stuffed
frit	fried
bouilli	boiled
rôti	roast
au gratin	baked in the oven with cheese

hot dishes

les desserts

une pâtisserie	cake, pastry
une tarte aux pommes	apple tart
la (crème) chantilly	whipped cream
une crêpe	pancake
la glace	ice-cream
une glace à la vanille	vanilla ice-cream
la crème glacée	ice-cream

desserts

un petit suisse	light cream cheese
un yaourt	yoghurt
une mousse au chocolat	chocolate mousse

les douceurs

sweet things

le chocolat	chocolate
le chocolat au lait	milk chocolate
le chocolat à croquer	plain chocolate
une tablette de chocolat	chocolate bar (*large*)
les biscuits (*m*)	biscuits
les petits gâteaux (*m*)	biscuits
un sablé	shortbread
un gâteau	cake
un esquimau (glacé)	ice lolly
les bonbons (*m*)	sweets
des bonbons à la menthe (*m*)	mints
le chewing-gum	chewing gum

les goûts

tastes

le parfum	flavour
sucré	sweet
salé	salty, savoury
amer	bitter
acide	sour
épicé	spicy
fort	hot
fade	tasteless

le tabac

tobacco

une cigarette	cigarette
un cigare	cigar
la pipe	pipe
une allumette	match

See also Sections **5 HOW ARE YOU FEELING?**, **17 HOUSEWORK**, **60 QUANTITIES** *and* **61 DESCRIBING THINGS**.

17. LES TRAVAUX MENAGERS
HOUSEWORK

faire le ménage	to do the housework
faire la cuisine	to cook
faire à manger	to prepare a meal
faire la vaisselle	to do the washing-up
faire la lessive	to do the washing
nettoyer	to clean
balayer	to sweep
épousseter	to dust
passer l'aspirateur	to vacuum
jeter	to throw out
laver	to wash
rincer	to rinse
essuyer	to (wipe) dry
sécher	to dry
ranger	to tidy up, to put away
faire les lits	to make the beds
préparer	to prepare
couper	to cut
couper en tranches	to slice
râper	to grate
éplucher	to peel
bouillir	to be boiling
faire bouillir du lait	to boil milk
frire	to fry
rôtir	to roast
griller	to grill, to toast
mettre la table	to set the table
débarrasser	to clear the table
repasser	to iron
repriser	to darn
raccommoder	to mend
s'occuper de	to look after
utiliser	to use
aider	to help
donner un coup de main	to give a hand

ceux qui font le travail

people who work in the house

la ménagère	housewife
une femme de ménage	cleaner
une aide ménagère	home help
une bonne	maid
une jeune fille au pair	au pair
un(e) baby-sitter	baby sitter

les appareils

appliances

un aspirateur	vacuum-cleaner
la machine à laver	washing machine
une essoreuse	spin-dryer
un sèche-linge	tumbledryer
un fer à repasser	iron
une machine à coudre	sewing machine
un mixer	mixer, liquidizer
un moulin à café	coffee grinder
un four à micro-ondes	microwave oven
le frigo	fridge
le réfrigérateur	refrigerator
le congélateur	freezer
un lave-vaisselle	dish-washer
la cuisinière	cooker
une cuisinière électrique	electric cooker
une cuisinière à gaz	gas cooker
le four	oven
le gaz	gas
l'électricité (f)	electricity
un égouttoir	dish-drainer
un grille-pain	toaster
une bouilloire électrique	kettle

les ustensiles

utensils

une planche à repasser	ironing board
un balai	broom

une pelle et une balayette	dustpan and brush
une brosse	brush
un chiffon	rag
une serpillière	floorcloth
un torchon	cloth, duster
un torchon à vaisselle	dish towel
un bac à vaisselle	basin
un gant isolant	oven glove
un séchoir	clothes horse
du produit pour la vaisselle	washing-up liquid
de la poudre à lessive	washing powder
une casserole	saucepan
une poêle	frying pan
une cocotte	casserole dish
une cocotte minute	pressure cooker
un autocuiseur	pressure cooker
une friteuse	chip pan
un rouleau à pâtisserie	rolling pin
une planche	board
un ouvre-boîte	tin opener
un décapsuleur	bottle opener
un tire-bouchon	corkscrew
un presse-ail	garlic press
un fouet	whisk
un plateau	tray

les couverts   cutlery

les couverts (*m*)	cutlery
une cuiller *or* cuillère	spoon
une cuiller à café	teaspoon
une cuiller à soupe	soupspoon, tablespoon
une fourchette	fork
un couteau	knife
un couteau de cuisine	kitchen knife
un couteau à pain	bread knife
un couteau à éplucher	peeler

la vaisselle   dishes

la vaisselle	dishes
un dessous de plat	place mat
une assiette	plate
une soucoupe	saucer
une tasse	cup
un verre	glass
un verre à vin	wine glass
une assiette à soupe	soup plate
un plat	dish
un beurrier	butter dish
une soupière	soup tureen
un bol	bowl (*small*)
un saladier	bowl (*large*)
une salière	saltcellar
un poivrier	pepper pot
un sucrier	sugar bowl
une théière	teapot
une cafetière	coffeepot
un pot à lait	milk jug

c'est mon père qui fait la vaisselle
my father does the dishes

mes parents se partagent les travaux ménagers
my parents share the housework

See also Sections **16 FOOD** *and* **24 THE HOUSE**.

18. LE SHOPPING
SHOPPING

acheter	to buy
choisir	to choose
coûter	to cost
dépenser	to spend
échanger	to exchange
payer	to pay
rendre la monnaie	to give change
vendre	to sell
solder	to sell at a reduced price
faire des achats/courses	to go shopping
faire du shopping	to go shopping
faire les courses	to do the shopping
avoir besoin de	to need
bon marché	cheap
cher (chère)	expensive
gratuit	free
en solde	reduced
en promotion	on special offer
d'occasion	second-hand
le client, la cliente	customer
le vendeur, la vendeuse	shop assistant

les magasins

shops

l'agence de voyages	travel agent's
la bijouterie	jeweller's
la blanchisserie	laundry
la boucherie	butcher's
la boulangerie	baker's
une boutique	shop (*small*)
le centre commercial	shopping centre
la charcuterie	pork butcher's, delicatessen
la confiserie	confectioner's

la cordonnerie	cobbler's
la crémerie	dairy
la droguerie	hardware shop
l'épicerie (f)	grocer's
le grand magasin	department store
un hypermarché	hypermarket
le kiosque à journaux	newsstand
la laverie automatique	launderette
le lavomatic	launderette
la librairie	bookshop
un libre service	self-service shop
le magasin	shop
le magasin de …	… shop
un magasin d'alimentation	grocery store
le magasin de disques	record shop
le magasin de souvenirs	souvenir shop
le magasin de vins et spiritueux	off-licence
le marché	market
le marché couvert	indoor market
la maroquinerie	leather goods shop
la mercerie	haberdasher's
le nettoyage à sec	dry cleaner's
la papeterie	stationer's
la parfumerie	perfume shop
la pâtisserie	cake shop
la pharmacie	chemist's
la poissonnerie	fishmonger's
la quincaillerie	ironmonger's
le supermarché	supermarket
le tabac(-journaux)	tobacconist and newsagent's
la teinturerie	dry cleaner's
le coiffeur	hairdresser
le disquaire	record shop
le fleuriste	florist
le marchand de fruits	fruiterer
le marchand de légumes	greengrocer
le marchand de vin	wine seller
l'opticien (m)	optician
le photographe	photographer

un cabas	shopping bag
un caddie	(supermarket) trolley
un panier (à provisions)	shopping basket
un sac	bag
une poche en plastique	plastic bag
les provisions	provisions, shopping
le prix	price
un reçu	receipt
la caisse	till
la monnaie	(small) change
un chèque	cheque
une carte de crédit	credit card
les soldes (*m*)	sales
une réduction	reduction
le comptoir	counter
le rayon	department
le salon d'essayage	fitting room
la vitrine	shop window
la pointure	size (*for shoes*)
la taille	size

je vais à l'épicerie/chez le marchand de légumes
I'm going to the grocer's/greengrocer's

je vais faire les courses
I'm going shopping

vous désirez ?
can I help you?

j'aimerais/je voudrais un kilo de pommes, s'il vous plaît
I would like two pounds of apples please

avez-vous du camembert ?
have you got any Camembert cheese?

et avec ça ?
anything else?

c'est tout, merci
that's all, thank you

c'est combien ?
how much is it?

ça fait 20 francs
that comes to 20 francs

avez-vous la monnaie exacte ?
have you got the exact change?

puis-je payer par chèque ?
can I pay by cheque?

acceptez-vous les cartes de crédit ?
do you take credit cards?

c'est pour offrir ?
do you want it gift-wrapped?

où se trouve le rayon (des) chaussures ?
where is the shoe department?

je cherche un magasin de chaussures
I'm looking for a shoeshop

j'adore faire du lèche-vitrines
I love window-shopping

See also Sections 2 CLOTHES, 10 JOBS *and* 31 MONEY.

19. LES SPORTS
SPORT

courir	to run
nager	to swim
plonger	to dive
sauter	to jump
lancer	to throw
skier	to ski
patiner	to skate
pêcher	to fish
s'entraîner	to train
faire du ski	to go skiing
faire de l'équitation	to go horse riding
jouer à/au	to play
jouer au football/volley	to play football/volleyball
aller à la chasse	to go hunting
aller à la pêche	to go fishing
marquer un but	to score a goal
gagner	to win
perdre	to lose
mener	to be in the lead
battre	to beat
battre un record	to beat a record
trotter	to trot
galoper	to gallop
servir	to serve
tirer	to shoot
professionnel(le)	professional
amateur	amateur

les différents sports — types of sport

le sport	sport
l'aérobique (f)	aerobics
l'aïkido (m)	aikido

l'alpinisme (*m*)	mountaineering
l'athlétisme (*m*)	athletics
l'aviron (*m*)	rowing
le badminton	badminton
le basket(ball)	basketball
la boxe	boxing
la brasse	breast-stroke
la brasse papillon	butterfly-stroke
le canoë	canoeing
la chasse	hunting
la course à pied	running
le crawl	crawl
le cricket	cricket
la culture physique	physical training
le cyclisme	cycling
le cyclotourisme	cycle touring
le deltaplane	hang-gliding
le dos crawlé	backstroke
l'équitation (*f*)	horse riding
l'escrime (*f*)	fencing
le foot(ball)	football
le football américain	American football
le footing	jogging
le golf	golf
la gymnastique	PE, gymnastics
l'haltérophilie (*f*)	weight-lifting
l'hippisme (*m*)	horse riding
le hockey sur glace	ice hockey
le jogging	jogging
le judo	judo
le karaté	karate
la lutte	wrestling
la natation	swimming
le parachute ascentionnel	parascending
le parachutisme	parachuting
le patinage	skating
le patin à roulettes	roller skating
la pêche	fishing
le ping-pong	table tennis
la plongée	diving

la randonnée	rambling
le rugby	rugby
le saut en hauteur	high jump
le saut en longueur	long jump
le ski	skiing
le ski de fond	cross-country skiing
le ski nautique	water-skiing
la spéléologie	pot-holing
les sports d'hiver (m)	winter sports
le squash	squash
le tennis	tennis
le tennis de table	table tennis
le tir	shooting
la varappe	rock climbing
la voile	sailing
le vol à voile	gliding
le volley(ball)	volleyball

les accessoires

equipment

une balle	ball (*small*)
un ballon	ball (*large*)
les barres parallèles (f)	parallel bars
une batte	bat
une bicyclette	bicycle
une boule	bowl, ball (*small*)
un canoë	canoe
une canne à pêche	fishing rod
le chronomètre	stopwatch
une crosse de golf	golf club
le filet	net
des gants de boxe (m)	boxing gloves
une planche à voile	sailboard
une planche de surf	surfboard
une raquette de tennis	tennis racket
une selle	saddle
des skis (m)	skis
un vélo	bicycle
un voilier	sailing boat

les lieux

places

un centre sportif	sports centre
un court de tennis	tennis court
les douches (f)	showers
une patinoire	ice-rink
une piscine	swimming pool
une piste	(ski) slope
une piste cyclable	cycle track
un plongeoir	diving board
un stade	stadium
le terrain	pitch, field, ground
un terrain de golf	golf course
le vestiaire	changing rooms

la compétition

competing

l'entraînement (m)	training
une équipe	team
l'équipe gagnante (f)	winning team
une course	race
une étape	stage
la mêlée	scrum
le peloton	pack (cycling)
une course contre la montre	time-trial
un sprint	sprint
un match	match
la mi-temps	half-time
un but	goal
le score	score
un match nul	draw
la prolongation	extra time
un penalty	penalty kick
une partie	game
un marathon	marathon
une compétition	sporting event
un championnat	championship
un tournoi	tournament
un rallye	rally

une éliminatoire	preliminary heat
une épreuve	event, heat
la finale	final
le record	record
le record du monde	world record
la coupe du monde	world cup
les Jeux Olympiques	Olympic Games
le Tour de France	Tour de France (*cycle race*)
les 24 Heures du Mans	Le Mans 24-hour motor race
le Quinze de France	French fifteen (*rugby*)
une médaille	medal
une coupe	cup

les gens — people

un sportif	sportsman
une sportive	sportswoman
un ailier	winger
un(e) alpiniste	mountaineer
un(e) athlète	athlete
un boxeur	boxer
un coureur	runner (*male*)
une coureuse	runner (*female*)
un coureur cycliste	racing cyclist
un(e) cycliste	cyclist
un footballeur	football player
un gardien de but	goalkeeper
un joueur de ...	a ... player (*male*)
une joueuse de ...	a ... player (*female*)
un joueur de tennis	tennis player (*male*)
une joueuse de tennis	tennis player (*female*)
un patineur	skater (*male*)
une patineuse	skater (*female*)
un plongeur	diver (*male*)
une plongeuse	diver (*female*)
un skieur	skier (*male*)
une skieuse	skier (*female*)
l'arbitre (*m*)	referee
un entraîneur	coach

un champion	champion (*male*)
une championnne	champion (*female*)
un moniteur	instructor (*male*)
une monitrice	instructor (*female*)
un supporter	supporter

il fait beaucoup de sport
he does a lot of sport

elle est ceinture noire de judo
she's a black-belt in judo

les deux équipes ont fait match nul
the two teams drew

on a dû jouer les prolongations
they had to go into extra time

le coureur a franchi la ligne d'arrivée
the runner crossed the finishing line

nous avons piqué un sprint
we put on a spurt

le cheval allait au trot ; soudain il partit au galop
the horse was trotting along; suddenly he set off at a gallop

à vos marques, prêts, partez !
ready, steady, go!

See also Section 2 **CLOTHES**.

20. LES LOISIRS ET LES PASSE-TEMPS
LEISURE AND HOBBIES

s'intéresser à	to be interested in
s'amuser	to enjoy oneself
s'ennuyer	to be bored
avoir le temps de	to have time to
lire	to read
dessiner	to draw
peindre	to paint
bricoler	to do DIY
construire	to build
faire	to make
faire des photos	to take photographs
collectionner	to collect
cuisiner	to cook
jardiner	to do gardening
coudre	to sew
tricoter	to knit
danser	to dance
chanter	to sing
jouer de	to play (*musical instrument*)
jouer à	to play (*game*)
participer à	to take part in
gagner	to win
perdre	to lose
battre	to beat
tricher	to cheat
parier	to bet
miser	to stake
se promener	to go for walks
faire un tour en vélo	to go for a cycle ride
faire du vélo	to cycle
faire un tour en voiture	to go for a run in the car
aller à la pêche	to go fishing

intéressant	interesting
captivant	fascinating
passionnant	fascinating
passionné de	very keen on
ennuyeux (ennuyeuse)	boring
un hobby	hobby
un passe-temps	pastime
une activité	activity
les loisirs (m)	free time
le club	club
un membre	member
la lecture	reading
un livre	book
une bande dessinée	strip cartoon
une revue	magazine
la poésie	poetry
un poème	poem
l'art (m)	art
le dessin	drawing
la peinture	painting
un pinceau	brush
la sculpture	sculpture
la poterie	pottery
le bricolage	DIY
la construction de maquettes	model-making
un marteau	hammer
un tournevis	screwdriver
un clou	nail
une vis	screw
une perceuse	drill
une scie	saw
une lime	file
la colle	glue
la peinture	paint
la photo(graphie)	photography
un appareil-photo	camera
une pellicule	film
une photo(graphie)	photograph
le cinéma	cinema
une caméra	cine-camera

la vidéo	video
l'informatique (*f*)	computing
un ordinateur	computer
les jeux électroniques (*m*)	computer games
la philatélie	stamp collecting
un timbre	stamp
un album	album, scrapbook
une collection	collection
la cuisine	cooking
une recette	recipe
le jardinage	gardening
un arrosoir	watering-can
une pelle	spade
un râteau	rake
la couture	dressmaking
une machine à coudre	sewing machine
une aiguille	needle
le fil	thread
un dé (à coudre)	thimble
un patron	pattern
le tricot	knitting
une aiguille à tricoter	knitting needle
une pelote de laine	ball of wool
la tapisserie	tapestry
la danse	dancing
le ballet	ballet
la musique	music
le chant	singing
une chanson	song
une chorale	choir
un instrument de musique	musical instrument
le piano	piano
le violon	violin
le violoncelle	cello
la clarinette	clarinet
la flûte	flute, recorder
une guitare	guitar
un tambour	drum
la batterie	drums
un jeu	game

un jouet	toy
un jeu de société	board game
les échecs (*m*)	chess
les dames (*f*)	draughts
un puzzle	jigsaw
les cartes (*f*)	cards
le dé	dice
un pari	bet
la promenade	walk
un tour en voiture	drive
la randonnée	ramble
une excursion	excursion, outing
une excursion à pied	hike
le cyclisme	cycling
le vélo	bicycle
l'ornithologie (*f*)	birdwatching
la pêche	fishing

j'aime lire/tricoter
I like reading/knitting

Raymond est très bricoleur
Raymond is very good with his hands

je fais partie d'un club de photographie
I belong to a photography club

Hélène est passionnée de cinéma
Hélène is very keen on the cinema

je fais de la poterie/sculpture/tapisserie
I do pottery/sculpture/tapestry

je prends des leçons de ballet
I take ballet lessons

je joue du piano
I play the piano

c'est à qui de jouer ?
whose turn is it?

c'est à vous (de jouer)
it's your turn

See also Sections **19 SPORT**, **21 MEDIA**, **22 EVENINGS OUT** *and* **43 CAMPING**.

21. LES MEDIA
THE MEDIA

écouter	to listen to
regarder	to watch
lire	to read
mettre	to switch on
allumer	to switch on
arrêter	to switch off
éteindre	to switch off
changer de chaine	to switch over

la radio
radio

un poste de radio	radio (set)
un transistor	transistor
un walkman (*R*)	walkman (*R*), personal stereo
une émission (radiophonique)	(radio) broadcast, programme
les informations (*f*)	news
le bulletin d'information	news bulletin
les nouvelles (*f*)	news
une interview	interview
un jeu radiophonique	radio quiz
le hit-parade	charts
un 45 tours	single
un 33 tours	LP
un flash publicitaire	commercial
un auditeur, une auditrice	listener
la réception	reception
des parasites (*m*)	interference

la télévision
television

la TV	TV
la télé	TV
un téléviseur	television set
la télévision en couleur	colour television
la télévision en noir et blanc	black and white television

une antenne	aerial
la chaîne	channel
une émission	programme
les actualités télévisées (*f*)	news bulletin, newscast
le journal télévisé	television news
le téléjournal	television news
un film	film
un documentaire	documentary
un roman-feuilleton	serial, soap opera
la pub(licité)	commercial
un présentateur, une présentatrice	newsreader, presenter
une speakerine	announcer, newscaster
un téléspectateur, une téléspectatrice	viewer
la TV par câble	cable TV
un magnétoscope	video recorder

la presse   press

un journal	newspaper
un journal du matin/soir	morning/evening paper
un hebdomadaire	weekly
un magazine	magazine
un illustré	magazine
la presse à sensation	gutter press
un(e) journaliste	journalist
un reporter	reporter (*male and female*)
le rédacteur en chef	chief editor
un reportage	press report
un article	article
les gros titres (*m*)	headlines
une rubrique	(regular) column
la rubrique sportive	sports column
le courrier du cœur	agony column
la publicité	advertisement, advertising
les petites annonces (*f*)	classified ads
une conférence de presse	press conference
une agence de presse	news agency
le tirage	circulation

sur ondes courtes/moyennes/longues
on short/medium/long wave

sur les ondes
on the radio/air

en direct de Perpignan
live from Perpignan

22. LES SOIREES
EVENINGS OUT

sortir	to go out
danser	to dance
aller danser	to go dancing
aller voir	to go and see, to visit
se voir	to see each other
inviter	to invite
donner	to give
offrir	to give (*present*)
apporter	to bring (*thing*)
réserver	to book
applaudir	to applaud
embrasser	to kiss
accompagner	to accompany
déposer	to drop off
commander	to order
recommander	to recommend
rentrer	to go/come home
seul	alone
ensemble	together

les spectacles
shows

le théâtre	theatre
un costume	costume
la scène	stage
les décors (*m*)	set
les coulisses (*f*)	wings
le rideau	curtain
le vestiaire	cloakroom
l'orchestre (*m*)	orchestra, stalls
le balcon	dress circle
une loge	box
le poulailler	gods
l'entracte (*m*)	interval
un programme	programme

une pièce	play
une comédie	comedy
une tragédie	tragedy
un opéra	opera
une opérette	operetta
un ballet	ballet
un concert de musique classique	concert of classical music
un concert de rock	rock concert
un spectacle	show
le cirque	circus
les feux d'artifice (m)	fireworks
les spectateurs (m)	audience
l'ouvreuse (f)	usherette
un acteur, une actrice	actor/actress
un danseur, une danseuse	dancer
le chef d'orchestre	conductor
les musiciens (m)	musicians
un magicien	magician
un clown	clown

le cinéma

the cinema

un film	film
une salle de cinéma	cinema
le guichet	ticket office
la séance	showing
un ticket	ticket
l'écran (m)	screen
le projecteur	projector
un dessin animé	cartoon
un film documentaire	documentary
un film historique	historical film
un film d'horreur	horror film
un film de science-fiction	science fiction film
un western	Western
un film en VO	film in the original language
les sous-titres (m)	subtitles
un film en noir et blanc	black and white film
le metteur en scène	director
le cinéaste	film maker
une vedette	star

les discothèques et les bals

discos and dances

un bal	dance
un dancing	dance hall
une discothèque	disco(thèque)
une boîte (de nuit)	night club
le bar	bar
un disque	record
la piste de danse	dance floor
le rock	rock-and-roll
un groupe pop	pop group
la musique folk	folk (music)
un slow	slow number
le disc-jockey	DJ
un chanteur, une chanteuse	singer
le videur	bouncer

au restaurant

eating out

un restaurant	restaurant
un café	café, pub
un bistro(t)	café, pub
une pizzeria	pizzeria
la restauration rapide	fast food
des plats à emporter (m)	take-away food
le garçon	waiter
la serveuse	waitress
le maître d'hôtel	head waiter
le menu	menu
le menu à 10 francs	set menu costing 10 francs
la carte des vins	wine list
l'addition (f)	bill
un pourboire	tip
un restaurant chinois	Chinese restaurant
un restaurant italien	Italian restaurant
un restaurant nord-africain	North African restaurant
un restaurant vietnamien	Vietnamese restaurant

les invitations

une invitation	invitation
les invités (*m*)	guests
l'hôte (*m*)	host
!'hôtesse (*f*)	hostess
un cadeau	present
une boisson	drink
un cocktail	cocktail
des cacahuètes (*f*)	peanuts
une boum	party
une fête	celebration, party
un anniversaire (*m*)	birthday
un gâteau d'anniversaire	birthday cake
les bougies (*f*)	candles

bis !
encore!

voulez-vous danser avec moi ?
would you like to dance with me?

service compris
service included

See also Section **16 FOOD**.

23. MA CHAMBRE
MY ROOM

le plancher	floor
la moquette	(fitted) carpet
le plafond	ceiling
la porte	door
la fenêtre	window
les rideaux (*m*)	curtains
les volets (*m*)	shutters
les stores (*m*)	blinds
le papier peint	wallpaper

les meubles — furniture

le lit	bed
le couvre-lit	bedspread
la table de chevet	bedside table
une commode	chest of drawers
une coiffeuse	dressing table
une penderie	wardrobe
une armoire	wardrobe
un placard	cupboard
un coffre	chest
le bureau	desk
une chaise	chair
un tabouret	stool
un fauteuil	armchair
des rayonnages (*m*)	shelves
une bibliothèque	bookcase

les objets	objects
une lampe	lamp
une lampe de chevet	bedside lamp
l'abat-jour (*m*)	lampshade
un réveil	alarm clock
un réveil-radio	radio alarm
un tapis	rug
un poster	poster
une affiche	poster
un tableau	painting
une photographie	photograph
un miroir	mirror
un livre	book
une revue	magazine
une bande dessinée	comic
le journal intime	diary
un jeu	game
un jouet	toy

See also Sections **15 DAILY ROUTINE** *and* **24 THE HOUSE**.

24. LA MAISON
THE HOUSE

habiter	to live
déménager	to move (house)
situé	situated
le loyer	rent
un emprunt-logement	mortgage
un déménagement	removal
un locataire	tenant
le propriétaire	owner
le/la concierge	caretaker
un déménageur	removal man
une maison	house
une villa	villa
une ferme	farm(house)
un pavillon	(small) house
un appartement	flat
un HLM	council flat
un immeuble	block of flats
un studio	studio flat
un meublé	furnished flat

les parties de la maison parts of the house

le sous-sol	basement
le rez-de-chaussée	ground floor
le premier	first floor
le grenier	loft
la cave	cellar
une pièce	room
une chambre	bedroom
la mansarde	attic room
un coin	corner
l'étage (m)	floor, storey
le palier	landing
les escaliers (m)	stairs
une marche	step

la rampe	bannisters
un ascenseur	lift
un mur	wall
le toit	roof
une tuile	roof tile
une ardoise	slate
la cheminée	chimney, fireplace
une porte	door
la porte d'entrée	front door
une fenêtre	window
une baie vitrée	big window
le balcon	balcony
le jardin	garden
le jardin potager	kitchen garden, vegetable garden
une terrasse	terrace
le garage	garage
dedans	inside
dehors	outside
en haut	upstairs
en bas	downstairs

les pièces

the rooms

l'entrée (f)	entrance (hall)
le palier	landing
le couloir	hall
la cuisine	kitchen
le coin-cuisine	kitchen area
la salle à manger	dining room
la salle de séjour	living room
le salon	sitting room, lounge
le bureau	study
la bibliothèque	library
la chambre (à coucher)	bedroom
la salle de bain	bathroom
les toilettes (f)	toilet
les WC (m)	toilet
la buanderie	laundry room
la véranda	veranda

les meubles

	furniture
une armoire	wardrobe
une armoire de toilette	bathroom cabinet
un bureau	desk
une bibliothèque	bookcase
un buffet	sideboard
un canapé	sofa
une chaise	chair
un divan	divan
des étagères (f)	shelves
un fauteuil	armchair
un fauteuil à bascule	rocking chair
une pendule	grandfather clock
un piano	piano
un placard	cupboard
un pouf	pouffe
un secrétaire	writing desk
une table	table
une table basse	coffee table
une table roulante	trolley
un vaisselier	dresser
la baignoire	bath
la douche	shower
un lavabo	washbasin
un bidet	bidet

les objets et l'aménagement

	objects and fittings
une affiche	poster
l'antenne (f)	aerial
une bougie	candle
une boîte aux lettres	letterbox
un bibelot	ornament
le carrelage	tiling
un cadre	frame
un cendrier	ashtray
un chandelier	candlestick
la chasse d'eau	chain (*toilet*)

le chauffage central	central heating
une cheminée	fireplace
la clef	key
une corbeille à papiers	wastepaper basket
un coussin	cushion
une descente de bain	bathmat
une échelle	ladder
une estampe	print, etching
l'évier (m)	kitchen sink
un gadget	knick-knack
la glace	bathroom mirror
un lampadaire	standard lamp
une lampe	lamp
un miroir	mirror
la moquette	(fitted) carpet
un paillasson	doormat
le papier peint	wallpaper
un pèse-personne	bathroom scales
une photo(graphie)	photograph
la poignée	door-handle, doorknob
un portemanteau	coat rack
un porte-parapluies	umbrella stand
un porte-revues (same pl)	magazine rack
la poubelle	bin
une prise (de courant)	plug
le radiateur	radiator
une reproduction	reproduction
les rideaux (m)	curtains
le robinet	tap
la serrure	keyhole
la sonnette	doorbell
un tableau	picture
un tapis	rug
la tapisserie	wallpaper
un vase	vase
un verrou	bolt
un transistor	transistor
une radio	radio
une télévision portative	portable television set

un électrophone	record player
un tourne-disque	record player
une chaîne stéréo	stereo
un magnétophone	tape-recorder
un magnétophone à cassette	cassette recorder
un radiocassette	radio cassette player
un disque	record
une cassette	cassette
un disque compact	compact disk
une machine à écrire	typewriter
un ordinateur	computer
un micro-ordinateur	microcomputer
un magnétoscope	video (recorder)
une vidéocassette	video cassette
un film vidéo	video (film)

le jardin   the garden

la pelouse	lawn
le gazon	grass
les plates-bandes (f)	flowerbeds
une serre	greenhouse
les meubles de jardin (m)	garden furniture
un parasol	parasol
une brouette	wheelbarrow
une tondeuse à gazon	lawnmower
un arrosoir	watering can
un tuyau d'arrosage	hose

See also Sections **8 IDENTITY**, **17 HOUSEWORK** *and* **23 MY ROOM**.

25. LA VILLE
THE CITY

une ville	town, city
une grande ville	big city
un village	village
un hameau	hamlet
un endroit	place
un arrondissement	district (in a large city)
la banlieue	suburbs, outskirts
un quartier	district, area (in a town)
une agglomération	built-up area
une zone industrielle	industrial area
un quartier résidentiel	residential district
la Rive droite	the Right Bank (of the river Seine in Paris)
la Rive gauche	the Left Bank (of the River Seine in Paris, student area)
la vieille ville	old town
le centre(-ville)	town/city centre
la cité universitaire	university halls of residence, campus
la zone bleue	restricted parking area in city centre
les environs (m)	surroundings
une avenue	avenue
un boulevard	boulevard
une impasse	cul-de-sac
un périphérique	ring road
une place	square
la place principale	main square
un quai	embankment, quay
une route	road
une rue	street
une rue commerçante	shopping street
une rue piétonne/piétonnière	pedestrian precinct
une ruelle	narrow street, alley-way

un square	small square with gardens
la chaussée	road, roadway
le trottoir	pavement
un parking	car park
un parking souterrain	underground car park
un pavé	cobblestone
un caniveau	gutter
les égouts (*m*)	sewers
un parc	park
un jardin public	park, public gardens
un cimetière	cemetery
un pont	bridge
le port	harbour
l'aéroport (*m*)	airport
la gare	railway station
un stade	stadium
un plan	map

les édifices

buildings

un bâtiment	building
un immeuble	block (of flats)
un édifice public	public building
l'hôtel de ville (*m*)	town hall
la mairie	town hall
le Palais de Justice	Law Courts
le syndicat d'initiative	tourist information office
l'office du tourisme (*m*)	tourist office
la poste	post office
un bureau de poste	post office
une bibliothèque	library
le poste de police	police station
le commissariat	police station
la gendarmerie	police station (*small towns*)
la caserne	barracks
la caserne des pompiers	fire station
le bureau des objets trouvés	lost property office
une prison	prison

une usine	factory
un hôpital (*pl* **hôpitaux**)	hospital
la maison des jeunes et de la culture	community youth and arts centre
un théâtre	theatre
un cinéma	cinema
l'opéra (*m*)	opera (house)
un musée	museum
une galerie d'art	art gallery
un château (*pl* **châteaux**)	castle
un palais	palace
une tour	tower
la cathédrale	cathedral
une église	church
le clocher	church tower, steeple
un temple	Protestant church
une synagogue	synagogue
une mosquée	mosque
un monument	memorial, monument
le monument aux morts	war memorial
une statue	statue
une fontaine	fountain

les gens

people

un(e) citadin(e)	city dweller
un(e) banlieusard(e)	person living in the suburbs (*of Paris*)
un(e) habitant(e)	inhabitant
un(e) passant(e)	passer-by
les badauds (*m*)	strollers, onlookers
un(e) touriste	tourist
un(e) clochard(e)	tramp

Paris et la province
Paris and the rest of France

j'habite dans le Ve (arrondissement)
I live in the 5th district (of Paris)

elle habite en ville
she lives in town

nous allons en ville
we're going into town

See also Sections **18 SHOPPING**, **22 EVENINGS OUT**, **26 CARS**, **41 PUBLIC TRANSPORT**, **45 GEOGRAPHICAL TERMS** *and* **64 DIRECTIONS**.

26. L'AUTOMOBILE
CARS

conduire	to drive
circuler	to go (*car*)
démarrer	to start up
ralentir	to slow down
freiner	to brake
accélérer	to accelerate
changer de vitesse	to change gear
s'arrêter	to stop
se garer	to park
stationner	to park
dépasser	to overtake
doubler	to overtake
faire demi-tour	to do a U-turn
allumer ses phares	to switch on one's lights
éteindre ses phares	to switch off one's lights
faire des appels de phares	to flash one's headlights
traverser	to cross, to go through
vérifier	to check
céder la priorité/le passage	to give way
avoir la priorité	to have right of way
klaxonner	to hoot
déraper	to skid
remorquer	to tow
réparer	to repair
tomber en panne	to break down
tomber en panne d'essence	to run out of petrol
faire le plein	to fill up
changer une roue	to change a wheel
être en infraction	to commit an offence
respecter la limitation de vitesse	to keep to the speed limit
enfreindre la limitation de vitesse	to break the speed limit
brûler un feu	to jump a red light
brûler un stop	to ignore a stop sign

lent	slow
rapide	fast
obligatoire	compulsory
permis	allowed
interdit	forbidden

les véhicules — vehicles

une auto	car
une automobile	car
la voiture	car
une voiture à transmission automatique	automatic
un vieux tacot	old banger
une voiture d'occasion	second-hand car
une deux/quatre/cinq portes	two/four/five-door car
une familiale	estate car
une conduite intérieure	saloon
une voiture de course	racing car
une voiture de sport	sports car
une voiture de location	rented car
une traction avant	car with front-wheel drive
une voiture à quatre roues motrices	car with four-wheel drive
une voiture avec conduite à droite	right-hand drive car
une décapotable	convertible
la cylindrée	c.c.
la marque	make
un camion	lorry
un poids lourd	lorry
un semi-remorque	articulated lorry
une camionnette	van
une dépanneuse	breakdown lorry
une moto	motorbike
une mobylette	moped
un vélomoteur	moped
un scooter	scooter
un camping-car	Dormobile (R)
une caravane	caravan
une remorque	trailer

les usagers de la route   road users

un(e) automobiliste	motorist
le conducteur	driver (*male*)
la conductrice	driver (*female*)
un chauffard	reckless driver
un chauffeur du dimanche	Sunday driver
le passager	passenger (*male*)
la passagère	passenger (*female*)
un routier	lorry-driver
un camionneur	lorry-driver
un(e) motocycliste	motorcyclist
un motard	motorcyclist
un(e) cycliste	cyclist
un auto-stoppeur	hitch-hiker (*male*)
une auto-stoppeuse	hitch-hiker (*female*)
un piéton	pedestrian

les parties de la voiture   car parts

l'accélérateur (*m*)	accelerator
une aile	wing
l'allumage (*m*)	ignition
l'autoradio (*m*)	car radio
la batterie	battery
la boîte de vitesses	gearbox
le bouchon	petrol cap
la bougie	spark plug
le capot	bonnet
le carburateur	carburettor
la carrosserie	body
la ceinture de sécurité	seat belt
le châssis	chassis
le chauffage	heating
le clignotant	indicator
le coffre	boot
le compteur (de vitesse)	speedometer
la courroie du ventilateur	fanbelt
le cric	jack
l'embrayage (*m*)	clutch

un enjoliveur	hub cap
un essuie-glace	windscreen wiper
les feux arrière (*m*)	rear lights
les feux de position (*m*)	sidelights
le frein à main	handbrake
les freins (*m*)	brakes
la galerie	roof rack
la jauge de niveau d'huile/ d'essence	oil/petrol gauge
le klaxon	horn
le levier de vitesses	gear lever
le moteur	engine
le pare-brise	windscreen
le pare-chocs	bumper
la pédale	pedal
le phare antibrouillard	fog lamp
les phares (*m*)	lights
une pièce de rechange	spare part
la plaque minéralogique	number plate
le pneu	tyre
la porte/portière	door
le pot d'échappement	exhaust
le radiateur	radiator
le ralenti	tickover speed
le réservoir	tank
le rétroviseur	(rearview) mirror
la roue	wheel
une roue de secours	spare wheel
la serrure	lock
le siège avant/arrière	front/back seat
le starter	choke
la suspension	suspension
le tableau de bord	dashboard
la transmission	transmission
les vitesses	gears
la marche arrière	reverse
la première	first gear
la seconde	second gear
la troisième	third gear
la quatrième	fourth gear

la cinquième	fifth gear, overdrive
le point mort	neutral
la vitre	window
le volant	steering wheel
l'essence (f)	petrol
l'essence ordinaire (f)	two-star (petrol)
le super	four-star (petrol)
le gazole/gaz-oil	fuel
le diesel	diesel
l'huile (f)	oil
l'antigel (m)	antifreeze

les difficultés

problems

un garage	garage
une station-service	petrol station
la pompe à essence	petrol pump
le mécanicien	car mechanic
le pompiste	petrol pump attendant
l'entretien (m)	maintenance
une assurance	insurance
le permis de conduire	driving licence
la carte grise	car registration book
la carte verte	green card (*insurance*)
la vignette	road tax disc
le code de la route	Highway Code
la vitesse	speed
un excès de vitesse	speeding
une infraction	offence
un PV	parking ticket
une amende	fine
la priorité	right of way
un (panneau de) stationnement interdit	no parking sign
la crevaison	flat tyre
un pneu crevé	flat tyre
la panne	breakdown
un embouteillage	traffic jam
la déviation	diversion

les travaux	roadworks
le verglas	black ice
un trou	hole
la visibilité	visibility

les voies de circulation   routes

la circulation	traffic
la carte routière	road map
la route	road
la (route) nationale	main road
la départementale	B road
une autoroute	motorway
le trottoir	pavement
un sens interdit	one-way street
un stop	stop sign
un passage clouté	pedestrian crossing
le virage	bend
le carrefour	crossroads
un croisement	crossroads
un embranchement	junction
le rond-point	roundabout
la file	lane
la bande médiane	central reservation
la bretelle de contournement	motorway bypass
les feux (m)	traffic lights
le péage	toll
une aire de services	service area
un panneau	road sign
un passage à niveau	level crossing
un parking	car park
un parcmètre	parking meter
la zone bleue	restricted parking area

elle est de quelle marque ? — c'est une Citroën
what make is it? — it's a Citroen

le plein, s'il vous plaît
fill her up please

pouvez-vous vérifier la pression des pneus/le niveau d'huile ?
could you check the tyre pressure/oil level, please?

passe la troisième !
go into third gear!

il a mis ses phares en code/veilleuse
he dipped his headlights/switched to sidelights

elle roulait à 100 (kilomètres) à l'heure
she was doing 62 miles an hour

en Angleterre, on roule à gauche
in England, they drive on the left

cette voiture fait du ... litres au cent
this car does a 100 kilometres to ... litres (... miles to the gallon)

mettez votre ceinture !
fasten your seat belt!

on lui a retiré son permis
he lost his driving licence

j'ai passé mon permis de conduire lundi — tu l'as réussi ?
I sat my driving test on Monday — did you pass?

tu t'es trompé de route
you've gone the wrong way

See also Section **51 ACCIDENTS.**

27. LA NATURE
NATURE

aboyer	to bark
miauler	to mew
meugler	to moo

le paysage — landscape

la campagne	country(side)
un champ	field
un pré	meadow
la forêt	forest
un bois	wood
une clairière	clearing
un verger	orchard
la lande	moor
un marais	marsh
le maquis	scrub
un désert	desert
la jungle	jungle
l'agriculture (f)	agriculture

les plantes — plants

une plante	plant
un arbre	tree
un arbuste	shrub
un buisson	bush
la racine	root
le tronc	trunk
une branche	branch
une brindille	twig
une pousse	shoot
un bourgeon	bud
une fleur	flower, blossom
une feuille	leaf

le feuillage	foliage
l'écorce (f)	bark
la cime	treetop
une pomme de pin	pine cone, fir cone
un marron	horse chestnut
un gland	acorn
une baie	berry
les algues (f)	seaweed
la bruyère	heather
un champignon	mushroom
un champignon comestible/vénéneux	edible/poisonous mushroom
les fougères (f)	ferns
l'herbe (f)	grass
le gui	mistletoe
le houx	holly
le lierre	ivy
les mauvaises herbes (f)	weeds
la mousse	moss
un rhododendron	rhododendron
un roseau	reed
le trèfle	clover
la vigne	vine
le vignoble	vineyard

les arbres — trees

un arbre à feuilles caduques	deciduous tree
un conifère	conifer
un bouleau	birch
un cèdre	cedar
un châtaignier	chestnut tree
un chêne	oak
un cyprès	cypress
un érable	maple tree
un frêne	ash tree
un hêtre	beech
un if	yew tree
un marronnier	horse chestnut tree

un noyer	walnut tree
un orme	elm
un peuplier	poplar
un pin	pine tree
un platane	plane tree
un sapin	fir tree
un saule pleureur	weeping willow

les arbres fruitiers — fruit trees

un abricotier	apricot tree
un amandier	almond tree
un cerisier	cherry tree
un citronnier	lemon tree
un figuier	fig tree
un oranger	orange tree
un pêcher	peach tree
un poirier	pear tree
un pommier	apple tree
un prunier	plum tree

les fleurs — flowers

une fleur sauvage	wild flower
la tige	stem
un pétale	petal
le pollen	pollen
une anémone	anemone
l'aubépine (f)	hawthorn
un bleuet	cornflower
un bouton d'or	buttercup
le chèvrefeuille	honeysuckle
un chrysanthème	chrysanthemum
un coquelicot	poppy
le géranium	geranium
un iris	iris
une jacinthe	hyacinth
le jasmin	jasmine
une jonquille	daffodil

le lilas	lilac
un lis	lilac
une marguerite	daisy
le muguet	lily of the valley
un oeillet	carnation
une orchidée	orchid
une pâquerette	small daisy
un pavot	poppy
un perce-neige	snowdrop
un pétunia	petunia
un pissenlit	dandelion
les pois de senteur (m)	sweetpeas
une primevère	primrose
une rose	rose
une tulipe	tulip
une violette	violet

les animaux domestiques — pets

un(e) chat(te)	cat (male/female)
un chaton	kitten
un(e) chien(ne)	dog/bitch
un chiot	puppy
un cochon d'Inde	guinea pig
un hamster	hamster
un poisson rouge	goldfish

les animaux de ferme — farm animals

un agneau	lamb
un âne	donkey
un bélier, une brebis	ram/ewe
un boeuf	ox
un canard	duck
un caneton	duckling
un cheval, une jument	horse/mare
un poulain	foal
une chèvre, un bouc	nanny/billy-goat

un cochon, une truie	pig/sow
un coq	cock
un dindon	turkey
un lapin	rabbit
un mouton	sheep
un mulet	mule
une oie	goose
une poule	hen
un poussin	chick
un taureau	bull
une vache	cow
un veau	calf

les animaux sauvages   wild animals

un mammifère	mammal
un poisson	fish
un reptile	reptile
une patte	leg, paw
le museau	muzzle, snout
la queue	tail
la trompe	trunk
les griffes (f)	claws
une antilope	antelope
une baleine	whale
une belette	weasel
un buffle	buffalo
un castor	beaver
un cerf, une biche	stag/doe
un chameau	camel
un dauphin	dolphin
un dromadaire	dromedary
un écureuil	squirrel
un éléphant	elephant
une gazelle	gazelle
une girafe	giraffe
un hérisson	hedgehog
un hippopotame	hippopotamus
un kangourou	kangaroo

un koala	koala bear
un léopard	leopard
un lièvre	hare
un(e) lion(ne)	lion(ess)
un loup, une louve	wolf/she-wolf
un mulot	fieldmouse
un ours	bear
un phoque	seal
une pieuvre	octopus
un rat	rat
un renard	fox
un requin	shark
un sanglier	wild boar
un singe	monkey
une souris	mouse
un tigre	tiger
une tortue	tortoise
un zèbre	zebra

les reptiles etc

reptiles etc

un crocodile	crocodile
un alligator	alligator
un lézard	lizard
un serpent	snake
un serpent à sonnettes	rattlesnake
une vipère	adder
une couleuvre	grass snake
un cobra	cobra
un boa	boa
une grenouille	frog
un crapaud	toad
un poisson	fish

les oiseaux

birds

un oiseau	bird
un oiseau nocturne	night hunter
un oiseau rapace/de proie	bird of prey

la patte	foot
les serres (f)	claws
l'aile (f)	wing
le bec	beak
une plume	feather
un aigle	eagle
une alouette	lark
une autruche	ostrich
un canari	canary
une chouette	owl
une colombe	dove
un coucou	cuckoo
une cigogne	stork
un corbeau	crow
un cygne	swan
un étourneau	starling
un faisan	pheasant
un faucon	falcon
un flamant rose	flamingo
un héron	heron
un hibou	owl
une hirondelle	swallow
un martin-pêcheur	kingfisher
un merle	blackbird
une mésange	(blue) tit
un moineau	sparrow
une mouette	seagull
un paon	peacock
un perroquet	parrot
une perruche	budgie
une pie	magpie
un pigeon	pigeon
un pingouin	penguin
un pinson	chaffinch
un puffin	puffin
un rossignol	nightingale
un rouge-gorge	robin
un vautour	vulture

les insectes etc

une abeille	bee
une araignée	spider
un bourdon	bumblebee
un cafard	cockroach
une chenille	caterpillar
une coccinelle	ladybird
une fourmi	ant
une guêpe	wasp
une mouche	fly
un moustique	mosquito
un papillon	butterfly
une sauterelle	grasshopper

insects etc

See also Sections **16 FOOD**, **44 SEASIDE** *and* **45 GEOGRAPHICAL TERMS**.

28. QUEL TEMPS FAIT-IL ?
WHAT'S THE WEATHER LIKE?

pleuvoir	to rain
neiger	to snow
geler	to be freezing
souffler	to blow
briller	to shine
fondre	to melt
empirer	to get worse
s'améliorer	to improve
changer	to change
couvert	overcast
nuageux (nuageuse)	cloudy
dégagé	clear
ensoleillé	sunny
pluvieux (pluvieuse)	rainy
orageux (orageuse)	stormy
lourd	muggy
sec (sèche)	dry
chaud	warm, hot
froid	cold
doux (douce)	mild
agréable	pleasant
épouvantable	awful
variable	changeable
au soleil	in the sun
à l'ombre	in the shade
le temps	weather
la température	temperature
la météo(rologie)	weather forecast
les prévisions météorologiques	weather forecast
le climat	climate
l'atmosphère (f)	atmosphere
la pression atmosphérique	atmospheric pressure
une amélioration	improvement
un changement	change

le thermomètre	thermometer
le degré	degree
le baromètre	barometer
le ciel	sky

la pluie

rain

l'humidité (f)	humidity, dampness
les précipitations (f)	precipitation
la pluie	rain
une goutte de pluie	raindrop
une flaque (d'eau)	puddle
un nuage	cloud
une couche de nuages	cloud layer
une averse	shower
la rosée	dew
une giboulée	sudden (short) shower
le crachin	drizzle
le brouillard	fog
la brume	mist
la grêle	hail
un grêlon	hailstone
un déluge	downpour
une inondation	flood
un orage	thunderstorm
le tonnerre	thunder
la foudre	lightning
un éclair	(flash of) lightning
une éclaircie	sunny interval
un arc-en-ciel	rainbow

le froid

cold weather

la neige	snow
un flocon de neige	snowflake
une chute de neige	snowfall
une tempête de neige	snowstorm
une avalanche	avalanche
une boule de neige	snowball

un chasse-neige (*same pl*)	snowplough
un bonhomme de neige	snowman
la gelée	frost
le gel	frost
le dégel	thaw
le givre	(hoar)frost
le verglas	(black) ice
la glace	ice

le beau temps — good weather

le soleil	sun
un rayon de soleil	ray of sun
la chaleur	heat
une vague de chaleur	heatwave
la canicule	scorching heat
la sécheresse	dryness. drought

le vent — wind

le vent	wind
un courant d'air	draught
une rafale	gust of wind
la bise	North wind
la brise	breeze
un ouragan	hurricane
une tornade	tornado
la tempête	storm

il fait beau/mauvais (temps)
the weather is good/bad

il fait trente degrés à l'ombre/moins dix
the temperature is 86 in the shade/minus 14

il pleut (des cordes)
it's raining (cats and dogs)

il pleut à verse
it's pouring

il neige
it's snowing

il y a du soleil/brouillard/verglas
it's sunny/foggy/icy

je gèle
I'm freezing cold

je crève de chaud
I'm sweltering

le vent souffle
the wind's blowing

le soleil brille
the sun's shining

le tonnerre gronde
it's thundering

il fait un temps épouvantable
the weather is dreadful

il va pleuvoir demain
it's going to rain tomorrow

29. LA FAMILLE ET LES AMIS
FAMILY AND FRIENDS

s'entendre (avec)	to get on well (with)
connaître	to know

la famille — the family

les membres de la famille (*m*)	members of the family
les parents (*m*)	parents
la mère	mother
le père	father
la maman	mum
le papa	dad
l'enfant (*m*)	child
le bébé	baby
la fille	daughter
le fils	son
la fille adoptive	adopted daughter
le fils adoptif	adopted son
la sœur	sister
la sœur jumelle	twin sister
le frère	brother
le frère jumeau	twin brother
la grand-mère	grandmother
le grand-père	grandfather
les grands-parents (*m*)	grandparents
les petits-enfants (*m*)	grandchildren
la petite-fille	granddaughter
le petit-fils	grandson
l'arrière-grand-mère (*f*)	great-grandmother
l'arrière-grand-père (*m*)	great-grandfather
la femme	wife, woman
l'épouse (*f*)	wife
le mari	husband
la fiancée	fiancée
le fiancé	fiancé

la belle-mère	stepmother, mother-in-law
le beau-père	stepfather, father-in-law
la belle-fille	stepdaughter, daughter-in-law
le beau-fils	stepson, son-in-law
le gendre	son-in-law
la tante	aunt
l'oncle (*m*)	uncle
la cousine	cousin (*female*)
le cousin	cousin (*male*)
la nièce	niece
le neveu	nephew
la marraine	godmother
le parrain	godfather
la filleule	goddaughter
le filleul	godson

les amis

friends

les gens (*m*)	people
l'ami (*m*)	friend (*male*)
l'amie (*f*)	friend (*female*)
un(e) camarade	(school) friend
le copain	friend (*male*), boyfriend
la copine	friend (*female*), girlfriend
le petit ami	boyfriend
la petite amie	girlfriend
le voisin	neighbour (*male*)
la voisine	neighbour (*female*)

as-tu des frères et sœurs ?
have you got any brothers and sisters?

je n'ai ni frère ni sœur
I have no brothers or sisters

je suis enfant unique
I'm an only child

ma mère attend un bébé
my mother is expecting a baby

je suis l'aîné
I am the oldest

mon grand frère a 17 ans
my big brother is 17

ma sœur aînée est coiffeuse
my eldest sister is a hairdresser

je garde ma petite sœur
I'm looking after my little sister

mon frère cadet suce son pouce
my youngest brother sucks his tumb

tu es mon meilleur ami, Paul
you are my best friend, Paul

Patricia est ma meilleure amie
Patricia is my best friend

See also Section **8 IDENTITY**.

30. L'ECOLE ET L'EDUCATION
SCHOOL AND EDUCATION

aller à l'école	to go to school
étudier	to study
apprendre	to learn
apprendre par cœur	to learn by heart
faire ses devoirs	to do one's homework
réciter	to recite a poem
demander	to ask
répondre	to answer
interroger	to examine
passer au tableau	to go to the blackboard
savoir	to know
avoir la moyenne	to get the pass-mark
réviser	to revise
passer un examen	to sit an exam
réussir ses examens	to pass one's exams
être admis	to pass
rater ses examens	to fail one's exams
échouer à un examen	to fail an exam
redoubler (une classe)	to repeat a year
renvoyer	to expel, to suspend
punir	to punish
faire l'école buissonnière	to play truant
absent	absent
présent	present
appliqué	assiduous
studieux (studieuse)	studious
distrait	inattentive
dissipé	undisciplined
capable	able
l'école maternelle (f)	nursery school
l'école primaire (f)	primary school

le collège	secondary school, college
un CES	secondary school
l'école secondaire (f)	secondary school
le lycée	secondary school
un collège technique	technical college
une école de commerce	commercial school
un internat	boarding school
l'université (f)	university
un IUT	polytechnic

à l'école — at school

une classe	class
la salle de classe	classroom
le bureau du directeur/de la directrice	headteacher's office
la bibliothèque	library
le laboratoire	laboratory
le laboratoire de langues	language lab
la cantine	dining hall
la cour de récréation	playground
le préau	covered playground
le gymnase	gym(nasium)

la salle de classe — the classroom

un pupitre	desk
le bureau du professeur	teacher's desk
une table	table
une chaise	chair
un casier	locker
un placard	cupboard
le tableau (noir)	blackboard
la craie	chalk
un chiffon	duster
une éponge	sponge
un cartable	school-bag
un cahier	exercise book
un livre	book

un dictionnaire	dictionary
une trousse	pencilcase
un stylo(-bille)	ballpoint pen, biro
un stylo (à réservoir)	(fountain) pen
un crayon à papier	(lead) pencil
un feutre	felt-tip pen
un taille-crayon	pencil sharpener
une gomme	rubber
un pinceau	paint brush
la peinture	paint, painting
le papier à dessin	drawing paper
un chevalet	easel
une règle	ruler
un compas	pair of compasses
une équerre	set-square
une calculette	pocket calculator
un ordinateur	computer

la gymnastique   PE

les anneaux (m)	rings
la corde	rope
les barres parallèles (f)	parallel bars
le cheval d'arçon	horse
le tremplin	trampoline
le filet	net
le ballon	ball

les enseignants et les élèves   teachers and pupils

un instituteur, une institutrice	primary school teacher
le maître	teacher (man)
la maîtresse	teacher (woman)
la directrice	headmistress (in a collège)
le directeur	headmaster (in a collège)
le proviseur	headteacher (in a lycée)
le professeur	teacher
un(e) prof	teacher

le professeur de français	French teacher
le professeur d'anglais	English teacher
le professeur de mathématiques	maths teacher
un(e) pion(ne)	student who supervises pupils
un inspecteur, une inspectrice	inspector
un(e) élève	pupil
un(e) collégien(ne)	schoolboy/girl
un(e) lycéen(ne)	secondary school pupil
un(e) étudiant(e)	student
un(e) interne	boarder
un(e) externe	day-pupil
un cancre	dunce
un(e) redoublant(e)	pupil repeating a year
un(e) bon(ne) élève	good pupil
un(e) mauvais(e) élève	bad pupil
une copine	schoolfriend (*girl*)
un copain	schoolfriend (*boy*)

l'enseignement — teaching

le trimestre	term
l'emploi du temps (*m*)	timetable
une matière	subject
une leçon	lesson
le cours	class, course
un cours de français	French class
un cours de maths	maths class
un cours de chant	singing class
les connaissances (*f*)	knowledge
les progrès (*m*)	progress
le vocabulaire	vocabulary
la grammaire	grammar
une règle de grammaire	grammatical rule
la conjugaison	conjugation
l'orthographe (*f*)	spelling
l'écriture (*f*)	writing
la lecture	reading
la récitation	text recited by heart
un poème	poem

le calcul	sum, calculus
les maths (f)	maths
l'algèbre (f)	algebra
l'arithmétique (f)	arithmetic
la géométrie	geometry
une addition	sum
une soustraction	subtraction
une multiplication	multiplication
une division	division
une équation	equation
un cercle	circle
un triangle	triangle
un carré	square
un rectangle	rectangle
un angle	angle
un angle droit	right angle
la superficie	surface
le volume	volume
le cube	cube
le diamètre	diameter
l'histoire (f)	history
la géographie	geography
les sciences naturelles (f)	science
la biologie	biology
la chimie	chemistry
la physique	physics
les langues (f)	languages
le français	French
la philosophie	philosophy
une rédaction	essay
une traduction	translation
une version	unseen
un thème	prose
la musique	music
le dessin	drawing
les travaux manuels (m)	handicrafts
l'éducation physique (f)	physical education, PE
les devoirs (m)	homework
un exercice	exercise
un problème	problem, sum

une question	question
la réponse	answer
une interrogation écrite	written test
une interrogation orale	oral test
une composition	test, essay
un examen	exam(ination)
une faute	mistake
une bonne note	good mark
une mauvaise note	bad mark
le résultat	result
la moyenne	pass mark
le livret scolaire	report
un prix	prize
un certificat	certificate
un diplôme	diploma
le bac(calauréat)	A levels
le brevet	O levels
le CAP	vocational training certificate
la discipline	discipline
une punition	punishment
une retenue	detention
la récréation	break
la cloche	bell
les vacances scolaires (f)	school holidays
les grandes vacances (f)	summer holidays
les vacances de Pâques (f)	Easter holidays
les vacances de Noël (f)	Christmas holidays
les classes de neige (f)	organised ski trip
la rentrée des classes	beginning of school year

mettre une colle à un élève
to give a pupil detention

il est en retenue
he was kept in

j'ai eu deux heures de retenue
I got two hours' detention after school

la cloche a sonné
the bell has gone

31. L'ARGENT
MONEY

acheter	to buy
vendre	to sell
dépenser	to spend
emprunter	to borrow
prêter	to lend
payer	to pay
payer comptant	to pay cash
payer cash	to pay cash
payer par chèque	to pay by cheque
rembourser	to pay back, to reimburse
changer	to change
acheter à crédit	to buy on HP
faire crédit	to give credit
retirer de l'argent	to withdraw money
verser de l'argent	to pay in money
faire des économies	to save money
faire ses comptes	to do one's accounts
être à découvert	to be in the red

riche	rich
pauvre	poor
fauché	broke
millionnaire	millionaire

l'argent (m)	money
l'argent de poche (m)	pocket money
de l'argent liquide (m)	cash
une pièce (de monnaie)	coin
un billet de banque	banknote
un porte-monnaie	purse
un portefeuille	wallet
un paiement	payment
une dépense	expense

les économies (*f*)	savings
une banque	bank
une caisse d'épargne	savings bank
un bureau de change	exchange office, bureau de change
le cours du change	exchange rate
la caisse	till, cashdesk
le guichet	counter
un distributeur automatique de billets de banque	cash dispenser
un compte (en banque)	bank account
un compte courant	current account
un compte de chèque postal	Giro account
un compte d'épargne	savings account
un compte sur livret	deposit account
un retrait	withdrawal
un virement	transfer
une carte de crédit	credit card
la carte d'identité bancaire	banker's card
un chéquier	chequebook
un carnet de chèques	chequebook
un chèque	cheque
un chèque de voyage	traveller's cheque
un eurochèque	Eurocheque
un formulaire	form
un mandat postal	postal order
un crédit	credit
des dettes (*f*)	debts
un prêt	loan (*given*)
un emprunt	loan (*taken*)
un emprunt-logement	mortgage
la monnaie	small change, currency (*of a country*)
la Bourse	Stock Exchange
une action	share
l'inflation (*f*)	inflation
le coût de la vie	cost of living
le budget	budget

un franc français	French franc
un franc belge	Belgian franc
un franc suisse	Swiss franc
un centime	centime (*1/100 of a franc*)
une livre sterling	pound sterling
un dollar	dollar

un billet de 10 francs
a 10 franc note

j'aimerais changer 500 francs français en livres
I'd like to change 500 French francs into pounds

quel est le cours du franc français ?
what is the exchange rate for the French franc?

j'aimerais payer avec une carte de crédit
I'd like to pay by credit card

acceptez-vous les chèques de voyage ?
do you take/accept traveller's cheques?

je fais des économies pour m'acheter une moto
I'm saving up to buy a motorbike

j'ai un découvert de 500 francs
I am 500 francs in the red

j'ai emprunté 2 000 francs à mon père
I borrowed 2,000 francs from my father

je suis fauché
I'm broke

j'ai de la peine à joindre les deux bouts
I find it hard to make ends meet

See also Sections **10 WORK** *and* **18 SHOPPING**.

32. PROBLEMES ACTUELS
TOPICAL ISSUES

discuter	to discuss
se disputer	to argue
critiquer	to criticise
défendre	to defend
penser	to think
croire	to believe
protester	to protest
pour	for
contre	against
favorable à	in favour of
opposé à	opposed to
intolérant	intolerant
large d'idées	broad-minded
pourquoi	why
un sujet	topic
un problème	problem
un argument	argument
une manifestation	demonstration
la société	society
les préjugés (m)	prejudice
la morale	morals
la mentalité	mentality
le conflit des générations	generation gap
le désarmement	disarmament
le nucléaire	nuclear energy
la bombe atomique	(nuclear) Bomb
la paix	peace
la guerre	war
la pauvreté	poverty
la misère	destitution
le chômage	unemployment
la violence	violence
la criminalité	criminality
la contraception	contraception
l'avortement (m)	abortion

l'homosexualité (f)	homosexuality
un homosexuel	gay man
une lesbienne	Lesbian
le SIDA	AIDS
le sexisme	sexism
un macho	male chauvinist
la libération de la femme	women's liberation
le MLF	Women's Liberation Movement
le féminisme	feminism
l'égalité (f)	equality
la prostitution	prostitution
le racisme	racism
un(e) noir(e)	black person
un étranger, une étrangère	foreigner
le mode de vie	life style
un immigré	immigrant
un(e) réfugié(e) politique	political refugee
l'asile politique (m)	political asylum
un mariage mixte	mixed marriage
l'alcool (m)	alcohol
un(e) alcoolique	alcoholic
la drogue	drugs
une seringue	needle
une overdose	overdose
la dépendance	addiction, dependence
le hachisch	hashish
la cocaïne	cocaine
l'héroïne (f)	heroin
le trafic de drogue	drug trafficking
un trafiquant	dealer

je suis d'accord avec toi
I agree with you

je ne suis pas d'accord (avec toi)
I don't agree (with you)

ils sont d'accord
they agree

elle se drogue à l'héroïne
she takes heroin

33. LA POLITIQUE
POLITICS

gouverner	to govern
régner	to rule
organiser	to organise
manifester	to demonstrate
élire	to elect
voter pour/contre	to vote for/against
réprimer	to repress
abolir	to abolish
supprimer	to do away with
imposer	to impose
nationaliser	to nationalise
privatiser	to privatise
importer	to import
exporter	to export
national	national
international	international
politique	political
démocratique	democratic
conservateur (conservatrice)	conservative
socialiste	socialist
communiste	communist
marxiste	Marxist
fasciste	fascist
anarchiste	anarchic
capitaliste	capitalist
extrémiste	extremist
de droite	right-wing
de gauche	left-wing
une nation	nation
un pays	country
un Etat	state
une république	republic
la République française	French republic, France
une monarchie	monarchy

la patrie	homeland
le gouvernement	government
le parlement	parliament
le conseil des ministres	Cabinet
la constitution	constitution
le chef de l'Etat	Head of State
un chef d'Etat	head of state
le président, la présidente	president
le premier ministre	Prime Minister (*male and female*)
un ministre	minister (*male and female*)
le ministre des affaires étrangères	foreign minister
un député	deputy, MP
le maire	mayor
un homme politique	politician
la politique	politics
les élections (*f*)	elections
un parti	political party
la droite	right
la gauche	left
le droit de vote	right to vote
une circonscription	constituency
une urne	ballot box
un(e) candidat(e)	candidate
la campagne électorale	election campaign
le premier/second tour	first/second ballot
un sondage d'opinion	opinion poll
un(e) citoyen(ne)	citizen
des négociations (*f*)	negotiations
un débat	debate
une loi	law
une crise	crisis
une manifestation	demonstration
un coup d'Etat	coup
une révolution	revolution
les droits de l'homme (*m*)	human rights
une dictature	dictatorship
une idéologie	ideology
la démocratie	democracy

le socialisme	Socialism
le communisme	Communism
le fascisme	Fascism
le capitalisme	capitalism
le pacifisme	pacifism
la neutralité	neutrality
l'unité (f)	unity
la liberté	freedom
la gloire	glory
l'économie (f)	economy
l'opinion publique (f)	public opinion
la noblesse	nobility
l'aristocratie (f)	aristocracy
la bourgeoisie	middle classes
la classe ouvrière	working class
le peuple	the people
un roi	king
une reine	queen
un empereur	emperor
une impératrice	empress
un(e) prince(sse)	prince(ss)
l'ONU (f)	UN
les Nations Unies (f)	United Nations
la CEE	EEC
la Communauté européenne	European Community
le Marché Commun	Common Market

dire	to say, to tell
parler	to talk, to speak
raconter	to tell (*story*)
répéter	to repeat
ajouter	to add
affirmer	to affirm
déclarer	to declare, to state
annoncer	to announce
exprimer	to express
insister	to insist
prétendre	to claim
supposer	to suppose
douter	to doubt
s'entretenir avec	to converse/speak with
renseigner	to inform
informer	to inform
indiquer	to indicate
mentionner	to mention
promettre	to promise
crier	to shout
hurler	to yell, to shriek
chuchoter	to whisper
murmurer	to murmur
marmonner	to mumble
bégayer	to stammer
bafouiller	to splutter (out)
bredouiller	to splutter (out)
s'énerver	to get worked up
répondre	to reply, to answer
répliquer	to reply, to retort
argumenter	to argue
avoir raison	to be right
avoir tort	to be wrong
persuader	to persuade
convaincre	to convince

influencer	to influence
approuver	to approve
contredire	to contradict
contester	to contest
objecter	to object
réfuter	to refute
exagérer	to exaggerate
mettre l'accent sur	to emphasize
prédire	to predict
confirmer	to confirm
s'excuser	to apologize
feindre	to pretend
tromper	to deceive
flatter	to flatter
critiquer	to criticize
calomnier	to slander
nier	to deny
avouer	to admit, to confess
reconnaître	to recognize
admettre	to admit, to confess
convaincu	convinced
convainquant	convincing
vrai	true
faux (fausse)	false
une conversation	conversation
une discussion	discussion
un entretien	discussion, interview
un dialogue	dialogue
un monologue	monologue
un discours	speech
une conférence	lecture
un débat	debate
un congrès	conference
une déclaration	statement
la parole	word, speech (*faculty*)
des commérages (*m*)	gossip
un ragot	piece of gossip
une opinion	opinion
une idée	idea

un point de vue	point of view
un argument	argument
un malentendu	misunderstanding
l'accord (m)	agreement
le désaccord	disagreement
une allusion	allusion, hint
une critique	criticism
une objection	objection
un aveu	confession, admission
un micro(phone)	microphone
un porte-voix	megaphone
franchement	frankly
généralement	generally
naturellement	naturally, of course
absolument	absolutely
vraiment	really
entièrement	entirely
tout à fait	entirely
sans doute	undoubtedly
peut-être	maybe
mais	but
cependant	however
ou	or
et	and
parce que	because
donc	therefore
grâce à	thanks to
malgré	despite
à part	except
au sujet de	about
sauf	except
sans	without
avec	with
presque	almost

n'est-ce pas ?
don't you think?, isn't it?, isn't he? etc

See also Sections **32 TOPICAL ISSUES** *and* **36 PHONE**.

35. LA CORRESPONDANCE
LETTER WRITING

écrire	to write
griffonner	to scribble
noter	to jot down
décrire	to describe
taper (à la machine)	to type
signer	to sign
envoyer	to send
expédier	to dispatch
cacheter	to seal
affranchir	to put a stamp on, to frank
peser	to weigh
poster	to post
mettre à la poste	to post
renvoyer	to send back
faire suivre	to forward
contenir	to contain
correspondre avec	to correspond with
recevoir	to receive
répondre	to reply
lisible	legible, readable
illisible	illegible
par avion	by airmail
par exprès	by Swiftair/special delivery
(en) recommandé	by registered mail
PJ (pièces jointes)	enclosures
de la part de	from
une lettre	letter
le courrier	mail
le papier à lettres	writing paper
la date	date
la signature	signature
une enveloppe	envelope
l'adresse (f)	address
le destinataire	addressee

l'expéditeur (m)	sender
le code postal	postcode
un timbre	stamp
une boîte à/aux lettres	postbox
la fente	slot
la levée	collection
un bureau de poste	post office
la poste	post office
les PTT or P & T	French Post Office and Telecommunications
le guichet	counter
le tarif postal	postage
le tarif normal	first class
le tarif réduit	second class
un pèse-lettre	letter scales
une machine à affranchir	franking machine
la poste restante	poste restante
un colis	parcel
un paquet	parcel
un télégramme	telegram, telemessage
une carte postale	postcard
un accusé de réception	acknowledgement of receipt
un formulaire	form
un mandat	postal order
le contenu	contents
le facteur	postman
un(e) correspondant(e)	penfriend
l'écriture (f)	handwriting
un brouillon	rough copy, draft
un stylo	biro
un crayon	pencil
un stylo (à encre)	fountain pen
une machine à écrire	typewriter
une machine de traitement de texte	wordprocessor
une note	note
un texte	text
une page	page
un paragraphe	paragraph
une phrase	sentence

une ligne	line
un mot	word
le style	style
une annexe	enclosure
la suite	continuation
un devis	quotation
le titre	title
la marge	margin
une carte d'anniversaire	birthday card
un faire-part	announcement
une lettre d'amour	love letter
une réclamation	complaint

Monsieur/Madame
Dear Sir/Madam

cher Paul/chère Caroline
Dear Paul/Caroline

je vous prie d'agréer, Monsieur/Madame, l'expression de mes sentiments les meilleurs
Yours faithfully, sincerely

bien amicalement à vous
Kind regards

amitiés
love

grosses bises
lots of love

j'aimerais trois timbres à 22 pence
I'd like three 22 pence stamps

"prière de faire suivre"
'please forward'

36. LE TELEPHONE
THE PHONE

appeler	to call, to phone
composer	to dial
raccrocher	to hang up
rappeler	to call back
répondre	to answer
téléphoner	to phone, to ring
donner un coup de téléphone/fil	to make a phone call
se tromper de numéro	to dial a wrong number
décrocher	to lift the receiver

le téléphone	phone
le récepteur	receiver
l'écouteur (*m*)	earpiece
la tonalité	dialling tone
le cadran	dial
un annuaire du téléphone	phone book
le Bottin	phone book
les pages jaunes (*f*)	yellow pages
une cabine téléphonique	phone box
le jeton	token
une communication interurbaine	long distance call
une communication locale	local call
l'indicatif (*m*)	dialling code
le numéro	number
un faux numéro	wrong number
les renseignements (*m*)	enquiries
l'opératrice (*f*)	operator
une urgence	emergency

occupé	engaged
en dérangement	out of order

il a téléphoné à sa mère
he phoned his mother

ça sonne
the phone's ringing

qui est à l'appareil ?
who's speaking?

Jean-Louis à l'appareil
it's Jean-Louis speaking

allô ! ici Jean-Louis
hello, this is Jean-Louis speaking

j'aimerais parler à Martin/Martine
I'd like to speak to Martin/Martine

lui-même/elle-même
speaking

ne quittez pas
hold on

c'est occupé
it's engaged

je regrette, il n'est pas là
I'm sorry, he's not in

voulez-vous laisser un message ?
would you like to leave a message?

c'est de la part de qui ?
who shall I say called?/who's calling?

excusez-moi, je me suis trompé de numéro
sorry, I've got the wrong number

voici mon numéro : vingt-deux quarante seize
my number is two two four zero one six

37. LES SALUTATIONS ET LES FORMULES DE POLITESSE
GREETINGS AND POLITE PHRASES

saluer	to greet
présenter	to introduce, to express
remercier	to thank
souhaiter	to wish
féliciter	to congratulate
lever son verre à la santé de quelqu'un	to drink to someone's health
un compliment	compliment
s'excuser	to apologize
bonjour	hello, good morning/afternoon
salut !	hi!, bye!
au revoir	goodbye
adieu	farewell
bonsoir	good evening
bonne nuit	good night, sleep well
enchanté(e)	pleased to meet you
comment vas-tu/allez-vous ?	how are you?
comment ça va ?	how are things?
à bientôt	see you soon
à toute à l'heure	see you later
à demain	see you tomorrow
bonne journée !	have a good day!
bon après-midi	have a good afternoon
bon appétit !	enjoy your meal!
bonne chance !	good luck!
bon voyage !	have a good trip!
bonne route !	safe journey!
bienvenue	welcome
pardon !	sorry!
pardon ?	sorry? (*didn't hear*)
excuse(z)-moi	I'm sorry
attention !	watch out!

oui	yes
non	no
non merci	no thanks
oui, volontiers	yes please
avec plaisir	with pleasure
s'il vous plait	please
merci	thank you
merci beaucoup	thank you very much
je t'en/vous en prie	not at all
il n'y a pas de quoi	you are welcome
à ta/votre santé	cheers!
santé	bless you (*after sneezing*)
à vos souhaits	bless you (*after sneezing*)
d'accord	OK
tant mieux	so much the better
tant pis	never mind

les festivités

festivities

joyeux Noël !	merry Christmas!
bonne année !	happy New Year!
meilleurs vœux !	best wishes!
joyeuses Pâques !	happy Easter!
bon anniversaire !	happy birthday!
félicitations !	congratulations!
bravo !	well done!

je vous présente Gaston Lagaffe
may I introduce Gaston Lagaffe?

je vous présente mes meilleurs vœux
please accept my best wishes

je vous présente mes condoléances
please accept my sympathy

je vous souhaite un bon anniversaire
may I wish you a happy birthday

ça m'est égal
I don't mind

ça dépend
it depends

je regrette
I'm sorry

je suis désolé
I'm terribly sorry

excusez-moi de vous déranger
I'm sorry to bother you

ça vous dérange si je fume ?
do you mind if I smoke?

pardon, Madame, pouvez-vous me dire … ?
excuse me please, could you tell me …?

c'est dommage
what a pity

38. LES PREPARATIFS DE VOYAGE ET LA DOUANE
PLANNING A HOLIDAY AND CUSTOMS FORMALITIES

partir en vacances	to go on holiday
réserver	to book
louer	to rent
confirmer	to confirm
annuler	to cancel
se renseigner (sur)	to get information (about)
se documenter (sur)	to gather information (about)
faire ses bagages	to pack
faire ses valises	to pack one's suitcases
faire une liste	to make out a list
emporter	to take
oublier	to forget
contracter une assurance	to take out insurance
renouveler son passeport	to renew one's passport
se faire vacciner	to be vaccinated
fouiller	to search
déclarer	to declare
passer en fraude	to smuggle
contrôler	to check
les vacances (f)	holidays
l'agence de voyage (f)	travel agent's
l'office du tourisme (m)	tourist information centre
la brochure	brochure
le dépliant	leaflet
le voyage organisé	package tour
le guide	guide(book)
le programme	itinerary
la réservation	booking
les arrhes (f)	deposit
une caution	deposit
une liste	list

les bagages (*m*)	luggage
la valise	suitcase
le sac de voyage	travel bag
le sac à dos	rucksack
l'étiquette (*f*)	label
la trousse de toilette	toilet bag
le passeport	passport
la carte d'identité	identity card
le visa	visa
le billet	ticket
les chèques de voyage (*m*)	traveller's cheques
une assurance-voyage	travel insurance
la douane	customs
le douanier	customs officer
la frontière	border
d'avance	in advance

rien à déclarer
nothing to declare

devons-nous confirmer notre réservation par écrit ?
should we confirm our booking in writing?

j'attends avec impatience de partir en vacances
I'm really looking forward to going on holiday

See also Sections **39** *to* **41 RAILWAYS, FLYING** *and* **PUBLIC TRANSPORT** *and* **42 HOTEL.**

39. LES CHEMINS DE FER
RAILWAYS

réserver	to reserve, to book
changer	to change
composter	to punch (*ticket to validate it*)
descendre	to get off
monter	to get on/in
avoir du retard	to be late
à l'heure	on time
en retard	late
réservé	reserved
occupé	taken, engaged
libre	free
fumeurs	smoking, smoker
non-fumeurs	non-smoking

la gare   the station

la gare	station
la SNCF	French railways
les chemins de fer (*m*)	railways
le guichet	ticket office
un distributeur de billets	ticket vending machine
les renseignements (*m*)	information
un panneau d'information	indicator board
la salle d'attente	waiting room
le buffet de la gare	station buffet
la consigne	left luggage
la consigne automatique	left luggage lockers
un chariot	luggage trolley
les bagages	luggage
le chef de gare	station supervisor
le chef de train	guard
le contrôleur	ticket collector
un cheminot	railwayman
un porteur	porter
un voyageur	passenger

le train   the train

un train — train
un train de marchandises — freight train
un train direct — through train
un train rapide — express/Intercity train
un express — fast train
un train autocouchettes — motorail train
un train électrique — electric train
un autorail — diesel train
un TEE — Trans-Europe-Express train
le TGV — high speed train
la locomotive — locomotive, engine
une locomotive à vapeur — steam engine
la voiture de restauration — dining car
un wagon — coach
la voiture — coach, carriage
un wagon-lit — sleeper
le wagon-restaurant — dining car
la tête du train — front of the train
les wagons de queue — rear of the train
le fourgon — luggage van
le compartiment — compartment
une couchette — sleeping berth, couchette
les toilettes (*f*) — toilet
la portière — door
la fenêtre — window
la place — seat
le porte-bagages — luggage rack
le signal d'alarme — alarm

le trajet   the journey

le quai — platform
les rails (*m*) — tracks
la voie ferrée — track
les voies (*f*) — line
le réseau — network
un passage à niveau — level crossing
un tunnel — tunnel

un arrêt	stop
l'arrivée (f)	arrival
le départ	departure
la correspondance	connection

les billets   tickets

un billet	ticket
un billet demi-tarif	half(-price ticket)
le tarif réduit	reduced rate
un adulte	adult
un aller simple	single (ticket)
un aller retour	return (ticket)
la classe	class
la première (classe)	first class
la seconde (classe)	second class
une réservation	booking, reservation
un horaire	timetable
les jours fériés (m)	public holidays
les jours ouvrables (m)	weekdays

je suis allé à Paris en train/j'ai pris le train pour aller à
   Paris
I went to Paris by train/I took the train to Paris

un aller simple/aller-retour pour Dijon, s'il vous plaît
a single/return to Dijon, please

à quelle heure part le prochain/dernier train pour
   Nevers ?
when is the next/last train for Nevers?

le train en provenance de Paris a vingt minutes de retard
the train arriving from Paris is 20 minutes late

le train à destination de Lourdes
the train to Lourdes

dois-je changer de train ?
do I have to change?

il faut changer à Lyon
change at Lyons

cette place est-elle prise ?
is this seat taken?

"présentez vos billets, s'il vous plaît"
'tickets please'

j'ai failli manquer mon train
I nearly missed my train

il a pris le TGV pour aller à Paris
he went to Paris on the TGV

nous devrons courir pour attraper notre correspondance
we'll have to run to catch the connection

il est venu me chercher à la gare
he came and picked me up at the station

elle m'a accompagné à la gare
she took me to the station

bon voyage !
have a good journey!

40. L'AVION
FLYING

atterrir	to land
décoller	to take off
voyager/aller en avion	to fly (*passenger*)
voler	to fly (*plane*)
enregistrer ses bagages	to check in

à l'aéroport

at the airport

l'aéroport (*m*)	airport
la piste	runway
la tour de contrôle	control tower
la compagnie aérienne	airline
les informations (*f*)	information
l'enregistrement des bagages (*m*)	check-in
les bagages à main (*m*)	hand luggage
la boutique hors taxes	duty-free shop
l'embarquement (*m*)	boarding
la salle d'embarquement	departure lounge
la carte d'embarquement	boarding pass
la porte	gate
le retrait des bagages	baggage claim
le terminal	terminal

à bord

on board

un avion	plane
un avion supersonique	supersonic plane
le jet	jet
un jumbo-jet	jumbo jet
le charter	charter flight/plane
l'aile (*f*)	wing
l'hélice (*f*)	propeller
le hublot	window
la ceinture	seat belt

l'issue de secours (f)	emergency exit
la sortie de secours	emergency exit
une place	seat
le vol	flight
un vol direct	direct flight
un vol interne	domestic flight
un vol international	international flight
l'altitude (f)	altitude
la vitesse	speed
le départ	departure
le décollage	take-off
l'arrivée (f)	arrival
l'atterrissage (m)	landing
un atterrissage forcé	emergency landing
une escale	stop-over
le retard	delay
l'équipage (m)	crew
le pilote	pilot
une hôtesse de l'air	stewardess
le steward	steward
le passager	passenger (*male*)
la passagère	passenger (*female*)
le pirate de l'air	hijacker
annulé	cancelled
en retard	delayed
fumeurs	smoking
non-fumeurs	no smoking

j'aimerais une place en non-fumeurs
I'd like a no smoking seat

embarquement immédiat, porte numéro 17
now boarding at gate number 17

attachez vos ceintures
fasten your seat belt

41. LES TRANSPORTS PUBLICS
PUBLIC TRANSPORT

descendre	to get off
monter	to get on
attendre	to wait (for)
arriver	to arrive
changer	to change
s'arrêter	to stop
se dépêcher	to hurry
manquer	to miss
resquiller	to dodge the fare
un autobus	bus
un bus	bus
un autocar	coach
un car	coach
le métro	underground
un train de banlieue	local train
un taxi	taxi
le conducteur	driver
le contrôleur	inspector, conductor
le passager	passenger
un resquilleur	fare dodger
la gare routière	bus station
la station	station
un abribus	bus shelter
un arrêt de bus	bus stop
le guichet	booking office
un distributeur de tickets	ticket machine
la salle d'attente	waiting room
les renseignements (*m*)	enquiries
la sortie	exit
un plan du réseau	network map
la ligne	line
la rame	underground train
le quai	platform
le départ	departure

la direction	direction
l'arrivée (f)	arrival
l'arrière (m)	back
l'avant (m)	front
la place	seat
un ticket	ticket
le prix du ticket	fare
un carnet de tickets	book of tickets
un abonnement	season ticket
une carte d'abonnement	season ticket
une carte orange	season ticket (in Paris)
un adulte	adult
un enfant	child
la première	first class
la seconde	second class
la réduction	reduction
un supplément	excess fare
les heures creuses (f)	off-peak hours
les heures de pointe (f)	rush hour

je vais à l'école en bus
I go to school by bus

quel bus puis-je prendre pour me rendre au Louvre ?
what bus can I get to go to the Louvre?

où se trouve la station de métro la plus proche ?
where is the nearest underground station?

See also Section 39 RAILWAYS.

42. A L'HOTEL
AT THE HOTEL

complet	no vacancies
fermé	closed
confortable	comfortable
compris	included
un hôtel	hotel
une pension	guest house
la pension complète	full board
la demi-pension	half board
le prix par jour	price per day
la note	bill
le pourboire	tip
le service	service
la réception	reception
une réclamation	complaint
une réservation	booking
le restaurant	restaurant
la salle à manger	dining room
le bar	bar
un parking	car park
un ascenseur	lift
le petit déjeuner	breakfast
le déjeuner	lunch
le dîner	dinner
le directeur	manager
le/la réceptionniste	receptionist
le gardien de nuit	night porter
la femme de chambre	chambermaid

la chambre — the room

une chambre	room
une chambre pour une personne	single room

une chambre pour deux personnes	double room
une chambre à deux lits	twin room
un grand lit	double bed
un lit	bed
un lit d'enfant	cot
un cabinet de toilette	bathroom (*small*)
une salle de bain	bathroom
une douche	shower
un lavabo	washbasin
l'eau chaude (*f*)	hot water
les WC (*m*)	toilet
la climatisation	air conditioning
la sortie de secours	emergency exit
le balcon	balcony
la vue	view
la clé	key

un hôtel deux/trois étoiles
a two/three star hotel

avez-vous des chambres de libres ?
have you got any vacancies?

une chambre avec vue sur la mer
a room overlooking the sea

une chambre avec salle de bain
a room with a private bathroom

je voudrais une chambre pour une personne/deux personnes
I'd like a single/double room

pour combien de nuits ?
for how many nights?

nous sommes complets
we're full

pouvez-vous me réveiller à sept heures ?
could you please call me at seven a.m.?

j'ai la chambre numéro 7
my room number is 7

pourriez-vous préparer ma note, s'il vous plaît ?
could you make up my bill please?

"ne pas déranger"
'do not disturb'

43. LE CAMPING, LE CARAVANING ET LES AUBERGES DE JEUNESSE
CAMPING, CARAVANNING AND YOUTH HOSTELS

camper	to camp
faire du camping	to go camping
faire du camping sauvage	to camp in the wild
faire du caravaning	to go caravanning
faire de l'auto-stop	to hitch-hike
planter la tente	to pitch the tent
démonter la tente	to take down the tent
dormir à la belle étoile	to sleep out in the open
le camping	camping, campsite
le campeur	camper (*male*)
la campeuse	camper (*female*)
un terrain de camping	campsite
l'emplacement (*m*)	site
une tente	tent
un matelas pneumatique	Lilo (*R*)
le double toit	fly sheet
un tapis de sol	ground sheet
un piquet	peg
une corde	rope
un feu	fire
un feu de camp	campfire
le butagaz (*R*)	Calorgas (*R*)
un dépôt de butagaz	place selling Calorgas
une recharge	refill
un réchaud	stove
une gamelle	billy can
un canif	pocket knife, penknife
un seau	bucket
un sac de couchage	sleeping bag
une lampe de poche	torch

les sanitaires (m)	showers and toilets
les douches (f)	showers
les toilettes (f)	toilets
l'eau potable (f)	drinking water
une poubelle	rubbish bin
un moustique	mosquito
le caravaning	caravanning
un terrain de caravaning	caravan site
une caravane	caravan
un camping-car	Dormobile (R)
une remorque	trailer
une auberge de jeunesse	youth hostel
le dortoir	dormitory
une carte de membre	membership card
la corvée	duty
un sac à dos	rucksack
l'auto-stop (m)	hitch-hiking
privé	private

est-ce que nous pouvons camper ici ?
may we camp here?

"défense de camper"
`no camping`

"eau potable"
`drinking water`

44. AU BORD DE LA MER
AT THE SEASIDE

nager	to swim
se baigner	to go swimming
flotter	to float
patauger	to splash about
plonger	to dive
se noyer	to drown
bronzer	to tan
se bronzer	to sunbathe
prendre un bain de soleil	to sunbathe
attraper un coup de soleil	to get sunburnt
peler	to peel
gicler	to splash
avoir le mal de mer	to be seasick
ramer	to row
couler	to sink
chavirer	to capsize
(s')embarquer	to embark, to go on board
débarquer	to disembark
jeter l'ancre	to drop the anchor
lever l'ancre	to hoist the anchor
ombragé	shady
ensoleillé	sunny
bronzé	tanned
à l'ombre	in the shade
au soleil	in the sun
à bord	on board
au large de	off the coast of
la mer	sea
un lac	lake
la plage	beach
une piscine	swimming pool
un plongeoir	diving board
une cabine	beach hut, cabin
le sable	sand

les galets (*m*)	shingle
un rocher	rock
une falaise	cliff
le sel	salt
une vague	wave
la marée	tide
la marée haute	high tide
la marée basse	low tide
le courant	current
la côte	coast
un port	harbour
le quai	quay
la jetée	pier, jetty
l'esplanade (*f*)	esplanade
le fond de l'eau	bottom of the water
un phare	lighthouse
l'horizon (*m*)	horizon
un surveillant de baignade	lifeguard
un maître nageur	swimming instructor
un capitaine	captain
un baigneur, une baigneuse	bather, swimmer
un palmier	palm tree
un coquillage	shell
un poisson	fish
un crabe	crab
un requin	shark
un dauphin	dolphin
une mouette	seagull

les bateaux — boats

un bateau	ship, boat
un bateau à rames	rowing boat
un bateau à voiles	sailing boat
un bateau à moteur	motor boat
un voilier	sailing ship, yacht
un yacht	yacht
un paquebot	liner
un ferry(-boat)	ferry
un bac	small ferry
une barque	small boat

un canot	dinghy
un canot pneumatique	rubber dinghy
un pédalo	pedalo
une rame	oar
la voile	sail, sailing
une ancre	anchor

les accessoires de plage — things for the beach

un maillot de bain	swimsuit/trunks
un bikini	bikini
un bonnet de bain	bathing cap
un masque de plongée	goggles
un tuba	snorkel
des palmes (f)	flippers
une bouée	rubber ring, buoy
un matelas pneumatique	air mattress
une chaise longue	deckchair
une serviette de bain	beach towel
un parasol	parasol
des lunettes de soleil (f)	sunglasses
la crème à bronzer	suntan oil
le lait solaire	suntan lotion
un coup de soleil	sunburn
une pelle	spade
un râteau	rake
un seau	bucket
un château de sable	sandcastle
le frisbee	frisbee
un ballon	ball

je ne sais pas nager
I can't swim

"baignade interdite"
'no bathing'

l'eau est bonne !
the water's lovely!

"un homme à la mer !"
'man overboard!'

45. LES MOTS GEOGRAPHIQUES
GEOGRAPHICAL TERMS

le continent	continent
le pays	country
un pays en voie de développement	developing country
la région	area, region
une région agricole	agricultural area
le département	administrative region (*in France*)
la commune	district
la ville	town, city
le village	village
le hameau	hamlet
la capitale	capital city
la montagne	mountain
la chaîne de montagnes	mountain chain
la colline	hill
la falaise	cliff
le sommet	summit
le pic	peak
le col	pass
la vallée	valley
la plaine	plain
le plateau	plateau
les neiges éternelles	permanent snow cover
le glacier	glacier
le volcan	volcano
la mer	sea
l'océan (*m*)	ocean
le lac	lake
la rivière	river
le fleuve	(large) river
le ruisseau	stream
le canal	canal

la mare	pond
l'étang (m)	pond
la source	spring
la côte	coast
l'île (f)	island
la presqu'île	peninsula
la péninsule	peninsula
le promontoire	promontory
la baie	bay
l'estuaire (m)	estuary
le désert	desert
la forêt	forest
la latitude	latitude
la longitude	longitude
l'altitude (f)	altitude
la profondeur	depth
la superficie	area
la population	population
le monde	world
l'univers (m)	universe
les tropiques (f)	Tropics
le Pôle Nord	North Pole
le Pôle Sud	South Pole
l'équateur (m)	Equator
une planète	planet
la terre	earth
le soleil	sun
la lune	moon
une étoile	star

quelle est la plus haute montagne d'Europe ?
what is the highest mountain in Europe?

See also Sections **46 COUNTRIES** *and* **47 NATIONALITIES.**

46. LES PAYS, LES CONTINENTS ET LES NOMS DE LIEU
COUNTRIES, CONTINENTS AND PLACE NAMES

pays	countries
l'Algérie (f)	Algeria
l'Allemagne (f)	Germany
l'Allemagne de l'Est (f)	East Germany
l'Allemagne de l'Ouest (f)	West Germany
l'Angleterre (f)	England
l'Autriche (f)	Austria
la Belgique	Belgium
le Canada	Canada
la Chine	China
le Danemark	Denmark
l'Ecosse (f)	Scotland
l'Egypte (f)	Egypt
l'Espagne (f)	Spain
les Etats-Unis (m)	United States
la Finlande	Finland
la France	France
la Grande-Bretagne	Great Britain
la Grèce	Greece
la Hollande	Holland
la Hongrie	Hungary
l'Inde (f)	India
l'Irlande (f)	Ireland, Eire
l'Irlande du Nord (f)	Northern Ireland
Israël (m)	Israel
l'Italie (f)	Italy
le Japon	Japan
la Libye	Libya
le Luxembourg	Luxembourg
le Maroc	Morocco

la Norvège	Norway
la Palestine	Palestine
les Pays-Bas (*m*)	Netherlands
le Pays de Galles	Wales
la Pologne	Poland
le Portugal	Portugal
le Royaume-Uni	United Kingdom
la Russie	Russia
la Scandinavie	Scandinavia
la Suède	Sweden
la Suisse	Switzerland
la Tchécoslovaquie	Czechoslovakia
la Tunisie	Tunisia
la Turquie	Turkey
l'URSS (*f*)	USSR
les USA (*m*)	USA

continents
continents

l'Afrique (*f*)	Africa
l'Amérique (*f*)	America
l'Amérique du Nord	North America
l'Amérique du Sud	South America
l'Asie (*f*)	Asia
l'Australie (*f*)	Australia
l'Europe (*f*)	Europe

villes
cities

Bruxelles	Brussels
Douvres	Dover
Edimbourg	Edinburgh
Genève	Geneva
Londres	London
Lyon	Lyons
Marseille	Marseilles
Moscou	Moscow
Paris	Paris

régions

le Tiers Monde	Third World
les Pays de l'Est	Eastern Bloc countries
l'Orient (*m*)	East
le Moyen Orient	Middle East
l'Extrême Orient (*m*)	Far East
le Maghreb	countries of North Africa
la Scandinavie	Scandinavia
la Bretagne	Brittany
le Midi	South of France
la Côte d'Azur	French Riviera
la Normandie	Normandy
le Pays Basque	Basque country
la Cornouaille	Cornwall
les îles de la Manche (*f*)	Channel Islands

regions

mers, rivières, îles et montagnes

seas, rivers, islands and mountains

la Méditerranée	Mediterranean
la Mer du Nord	North Sea
l'Atlantique (*m*)	Atlantic
le Pacifique	Pacific
l'océan Indien (*m*)	Indian Ocean
le Golfe de Gascogne	Bay of Biscay
la Manche	English Channel
le Rhin	Rhine
le Rhône	Rhone
la Seine	Seine
la Loire	Loire
la Tamise	Thames
les Antilles (*f*)	West Indies
la Corse	Corsica
les Alpes (*f*)	Alps
les Pyrénées (*f*)	Pyrenees

je viens de Tunisie
I come from Tunisia

j'ai passé mes vacances en Espagne
I spent my holidays in Spain

la Hollande est un pays plat
Holland is a flat country

en Ecosse il pleut beaucoup
it rains a lot in Scotland

j'aimerais aller en Chine
I would like to go to China

j'habite (à) Paris
I live in Paris

je vais à Marseille
I'm going to Marseilles

See also Section **47** **NATIONALITIES**.

47. NATIONALITES
NATIONALITIES

pays	countries
étranger (étrangère)	foreign
algérien(ne)	Algerian
allemand	German
américain	American
anglais	English
australien(ne)	Australian
autrichien(ne)	Austrian
belge	Belgian
britannique	British
canadien(ne)	Canadian
chinois	Chinese
danois	Danish
écossais	Scottish
espagnol	Spanish
flamand	Flemish
français	French
gallois	Welsh
grec (grecque)	Greek
hollandais	Dutch
irlandais	Irish
italien(ne)	Italian
japonais	Japanese
marocain	Moroccan
néerlandais	from the Netherlands
norvégien(ne)	Norwegian
polonais	Polish
portugais	Portuguese
québécois	from Quebec
russe	Russian
soviétique	Soviet
suédois	Swedish

suisse	Swiss
suisse allemand	German-speaking Swiss
suisse romand	French-speaking Swiss
tunisien(ne)	Tunisian
wallon(ne)	Walloon (*French-speaking Belgian*)

régions et villes   areas and cities

oriental	Oriental
occidental	Western
africain	African
asiatique	Asian
européen(ne)	European
arabe	Arabic
scandinave	Scandinavian
alsacien(ne)	from Alsace, Alsatian
basque	Basque
bourguignon(ne)	from Burgundy, Burgundian
breton(ne)	from Brittany, Breton
méridional	from the South of France
normand	from Normandy, Norman
provençal	from Provence, Provençal
corse	Corsican
parisien(ne)	Parisian
londonien(ne)	from London

un Français	a Frenchman
une Française	a Frenchwoman
un Anglais	an Englishman
une Anglaise	an Englishwoman

les Français boivent beaucoup de vin
the French drink a lot of wine

Donald est écossais
Donald is Scottish

j'aime la cuisine chinoise
I like Chinese food

j'habite dans la banlieue parisienne
I live in the suburbs of Paris

48. LES LANGUES
LANGUAGES

apprendre	to learn
apprendre par cœur	to learn by heart
comprendre	to understand
écrire	to write
lire	to read
parler	to speak
répéter	to repeat
prononcer	to pronounce
traduire	to translate
s'améliorer	to improve
vouloir dire	to mean
le français	French
l'anglais (*m*)	English
l'allemand (*m*)	German
l'espagnol (*m*)	Spanish
le portugais	Portuguese
l'italien (*m*)	Italian
le grec moderne	modern Greek
le grec ancien	classical Greek
le latin	Latin
le russe	Russian
le chinois	Chinese
le japonais	Japanese
le gaélique	Gaelic
une langue	language
la langue maternelle	native language
une langue étrangère	foreign language
les langues vivantes	modern languages
les langues mortes	dead languages
le vocabulaire	vocabulary
la grammaire	grammar
un accent	accent

je ne comprends pas
I don't understand

j'apprends le français
I am learning French

elle parle couramment l'espagnol
she speaks Spanish fluently

il parle l'anglais comme une vache espagnole
he murders the English language

il est de langue maternelle anglaise
English is his native language

pourriez-vous parler plus lentement, s'il vous plaît ?
could you speak more slowly, please?

pourriez-vous répéter, s'il vous plaît ?
could you repeat that, please?

Patrick est doué pour les langues
Patrick is good at languages

See also Section **47 NATIONALITIES**.

49. VACANCES EN FRANCE
HOLIDAYS IN FRANCE

visiter	to visit
voyager	to travel
s'intéresser à	to be interested in
se plaindre	to complain
chauvin	jingoistic
célèbre	famous
pittoresque	picturesque
ouvert	open
fermé	closed
en vacances	on holiday
à l'étranger	abroad

le tourisme

tourism

les vacances (f)	holidays
un(e) touriste	tourist
un étranger, une étrangère	foreigner
l'office du tourisme (m)	tourist office
le syndicat d'initiative	tourist information bureau
les curiosités (f)	attractions
les sites (m)	places of interest
une station	resort
un gîte	self-catering flat/cottage
les spécialités (f)	specialities
l'artisanat (m)	crafts
un souvenir	souvenir
un(e) guide	guide
un guide	guidebook
un manuel de conversation	phrasebook
une carte	map
la visite	visit
une visite guidée	guided tour

un voyage	journey, trip
un voyage organisé	package holiday
un échange	exchange
le séjour	stay
une excursion	excursion, walk
une excursion en car	coach trip
le groupe	group, party
la taxe de séjour	tourist tax
le consulat	consulate
l'ambassade (f)	embassy
l'hospitalité (f)	hospitality

les symboles de la France

symbols of France

l'hexagone (m)	France (*its hexagonal shape*)
la Tour Eiffel	the Eiffel Tower
le coq	the French cockerel
le drapeau tricolore	the French flag
la fleur de lis	fleur-de-lis (*emblem of French kings*)
la fête nationale	national holiday
le quatorze juillet	14th of July
un bal du quatorze juillet	open-air dance on the national holiday
le jour de la Bastille	Bastille Day
l'hymne national (m)	national anthem
la Marseillaise	the Marseillaise
un béret	beret
le Centre Pompidou	modern art gallery in modern building (*Paris*)
le Louvre	the Louvre museum (*Paris*)
Jeanne d'Arc	Joan of Arc
Louis XIV/quatorze	Louis the Fourteenth

les coutumes	customs
le mode de vie	way of life
la culture	culture
la cuisine	cooking
la gastronomie	gastronomy
les cafés (*m*)	cafés (*serving wine, beer, coffee, tea, snacks etc*)
la viticulture	wine growing
la haute couture	fashion
l'argot (*m*)	slang

"vive la France !"
'long live France!'

"n'oubliez pas le guide"
'don't forget to tip your guide'

See also Sections **25 CITY, 26 CARS, 38 PLANNING A HOLIDAY, 39 RAILWAYS, 40 FLYING, 41 PUBLIC TRANSPORT, 42 HOTEL, 43 CAMPING, 44 SEASIDE, 45 GEOGRAPHICAL TERMS** *and* **64 DIRECTIONS.**

50. LES INCIDENTS
INCIDENTS

arriver	to happen
se passer	to happen
se produire	to occur
avoir lieu	to take place
rencontrer	to meet
coïncider	to coincide
se (re)trouver	to find oneself
manquer	to miss
lâcher	to drop, to let go of
renverser	to spill, to knock over
tomber	to fall
abimer	to spoil
endommager	to damage
casser	to break
briser	to break
provoquer	to cause
faire attention	to be careful
oublier	to forget
perdre	to lose
chercher	to look for
reconnaître	to recognize
trouver	to find
retrouver	to find (again)
se perdre	to get lost
s'égarer	to get lost
perdre son chemin	to lose one's way
demander son chemin	to ask one's way
distrait	absent-minded
maladroit	clumsy
inattendu	unexpected
autre	other
par hasard	by chance
par inadvertance	inadvertently
par mégarde	inadvertently

heureusement	luckily, fortunately
malheureusement	unfortunately
une coïncidence	coincidence
une surprise	surprise
la chance	luck
la malchance	bad luck
la poisse	rotten luck
le hasard	chance
une mésaventure	misadventure
une rencontre	meeting, encounter
l'étourderie (f)	heedlessness
une chute	fall
les dégâts (m)	damage
un oubli	forgetfulness
la perte	loss
le bureau des objets trouvés	lost property office
une récompense	reward

quelle coïncidence !
what a coincidence!

quelle poisse !
just my luck!

attention !
watch out!

51. LES ACCIDENTS
ACCIDENTS

circuler	to go (*car*)
rouler	to drive, to go (*car*)
prendre des risques inutiles	to take needless risks
refuser la priorité	not to give way
brûler un feu	to go through a red light
brûler un stop	to ignore a stop sign
déraper	to skid
glisser	to slide
dévaler	to hurtle down
éclater	to burst
perdre le contrôle de	to lose control of
faire un tonneau	to somersault
s'écraser contre	to run into
heurter	to run into
écraser	to run over
démolir	to wreck, to demolish
endommager	to damage
détruire	to wreck, to destroy
être coincé	to be trapped
être en état de choc	to be in a state of shock
perdre connaissance	to lose consciousness
reprendre connaissance	to regain consciousness
être dans le coma	to be in a coma
mourir sur le coup	to die on the spot
être témoin de	to witness
établir un constat	to draw up a report
indemniser	to compensate
dérailler	to be derailed
faire naufrage	to be (ship)wrecked
glisser	to slip
se noyer	to drown
étouffer	to suffocate
tomber (de)	to fall (from)
tomber par la fenêtre	to fall out of the window
recevoir une décharge électrique	to get an electric shock

s'électrocuter	to electrocute oneself
se brûler	to burn oneself
s'ébouillanter	to scald oneself
se couper	to cut oneself
ivre	drunk
blessé	injured
mort	dead
grave	serious
assuré	insured

les accidents de voiture   road accidents

un accident	accident
un accident de voiture	car accident
un accident de la circulation	road accident
le code de la route	Highway Code
une collision	car crash
un carambolage	pile-up
le choc	impact
une explosion	explosion
un excès de vitesse	speeding
un alcootest	Breathalyser, breath test
la conduite en état d'ébriété	drunken driving
la fatigue	fatigue
le manque de visibilité	poor visibility
le brouillard	fog
la pluie	rain
le verglas	black ice
un précipice	cliff, precipice
les dégâts (m)	damage
les dommages (m)	damage

autres accidents   other accidents

un naufrage	shipwreck
un accident d'avion	plane crash
un déraillement	derailment
un accident du travail	industrial accident

un accident de montagne	mountaineering accident
un chute	fall
une noyade	drowning
une décharge (électrique)	electric shock

les blessés et les témoins injured persons and witnesses

un(e) blessé(e)	injured person
un(e) blessé(e) grave	seriously injured person
un(e) mort(e)	dead person
un témoin	witness
un témoin oculaire	eye witness
une commotion	concussion
une blessure	injury
une brûlure	burn
une hémorragie	loss of blood
le sang-froid	composure

les secours help

police-secours (*f*)	emergency services
la police	police
les pompiers (*m*)	firemen
les premiers secours (*m*)	first aid
une urgence	emergency
une ambulance	ambulance
un docteur	doctor
un infirmier, une infirmière	nurse
une trousse de premiers secours	first aid kit
un brancard	stretcher
la respiration artificielle	artificial respiration
le bouche à bouche	kiss of life
l'oxygène (*m*)	oxygen
un garrot	tourniquet
un extincteur	extinguisher
une dépanneuse	breakdown vehicle

51 LES ACCIDENTS

les conséquences	the consequences
les dégâts (*m*)	damage
un constat	report
une amende	fine
le retrait du permis	loss of driving licence
la justice	justice
une condamnation	sentence
l'assurance (*f*)	insurance
la responsabilité	responsibility

ses freins ont lâché
his brakes failed

il s'en tire avec quelques égratignures
he's lucky, he escaped with only a few scratches

ma voiture est bonne pour la casse
my car is a write-off

on lui a retiré son permis de conduire
he lost his driving licence

See also Sections **6 HEALTH, 26 CARS, 28 WEATHER** *and* **52 DISASTERS.**

52. LES DESASTRES
DISASTERS

attaquer	to attack
défendre	to defend
s'effondrer	to collapse
s'écrouler	to collapse
mourir de faim	to starve
entrer en éruption	to erupt
exploser	to explode
trembler	to shake
étouffer	to suffocate
suffoquer	to suffocate
brûler	to burn
éteindre	to extinguish
donner l'alarme	to raise the alarm
sauver	to rescue
couler	to sink

la guerre — war

l'armée (f)	army
la marine	navy
l'armée de l'air (f)	air force
un ennemi	enemy
un allié	ally
le champ de bataille	battlefield
un bombardement	bombing
une bombe	bomb
une bombe atomique	atomic bomb
une bombe H	hydrogen bomb
un obus	shell
un missile	missile
un tank	tank
un char d'assaut	tank
un fusil	gun
une mitraillette	machine-gun
une mine	mine
les civils (m)	civilians

un soldat	soldiers
un général	general
un colonel	colonel
un sergent	sergeant
un capitaine	captain
la cruauté	cruelty
la torture	torture
la mort	death
une blessure	wound
une victime	victim
un abri antiaérien	air-raid shelter
un abri antiatomique	nuclear shelter
des retombées radioactives (f)	radioactive fallout
une trêve	truce
un traité	treaty
la victoire	victory
la défaite	defeat
la paix	peace

les catastrophes naturelles   natural disasters

la sécheresse	drought
la famine	famine
la malnutrition	malnutrition
le manque de	lack of
une épidémie	epidemic
une tornade	tornado
un cyclone	cyclone
un raz-de-marée	tidal wave
une inondation	flooding
un tremblement de terre	earthquake
un volcan	volcano
une éruption volcanique	volcanic eruption
la lave	lava
une avalanche	avalanche
la Croix-Rouge	the Red Cross
un volontaire	volunteer
le sauvetage	rescue
un SOS	SOS

les incendies

un incendie	fire (*blaze*)
la fumée	smoke
les flammes (*f*)	flames
une explosion	explosion
les pompiers	fire brigade
un pompier	fireman
une voiture de pompiers	fire engine
une échelle	ladder
une lance	hose
la sortie de secours	emergency exit
la panique	panic
une ambulance	ambulance
une urgence	emergency
les secours (*m*)	help
la respiration artificielle	artificial respiration
un(e) survivant(e)	survivor

> "au secours !"
> 'help!'

> "au feu !"
> 'fire!'

See also Section **51** **ACCIDENTS**.

53. LES CRIMES
CRIMES

voler	to steal
cambrioler	to burgle
assassiner	to assassinate
tuer	to kill
poignarder	to stab
étrangler	to strangle
abattre	to shoot
empoisonner	to poison
attaquer	to attack
menacer	to threaten
forcer	to force
violer	to rape
tromper	to swindle
escroquer	to embezzle
espionner	to spy
se prostituer	to prostitute oneself
droguer	to drug
kidnapper	to kidnap
enlever	to abduct
prendre en hôtage	to take hostage
mettre le feu à	to set fire to
arrêter	to arrest
enquêter	to investigate
mener une enquête	to lead an investigation
interroger	to question, to interrogate
fouiller	to search
passer à tabac	to beat up
emprisonner	to imprison
cerner	to surround
boucler	to seal off, to lock up
sauver	to rescue
défendre	to defend
accuser	to accuse
juger	to judge, to try

prouver	to prove
condamner	to sentence, to convict
acquitter	to acquit
avoir le droit de	to be allowed to
coupable	guilty
innocent	innocent
interdit	forbidden

le crime   crime

un vol	theft
un cambriolage	burglary
une effraction	break-in
un hold-up	hold-up
une attaque	attack
une attaque à main armée	armed attack
un meurtre	murder
un homicide	murder
une escroquerie	fraud
un abus de confiance	confidence trick
le chantage	blackmail
un viol	rape
la prostitution	prostitution
le proxénétisme	procuring
le trafic de drogue	drug trafficking
la contrebande	smuggling
l'espionnage (*m*)	spying
un otage	hostage
un assassin	murderer
un meurtrier, une meurtrière	murderer
un voleur, une voleuse	thief
un cambrioleur, une cambrioleuse	burglar
un maquereau	pimp
un trafiquant	drug dealer
un pyromane	arsonist

les armes du crime

weapons

un pistolet	pistol
un revolver	gun, revolver
un fusil	gun, rifle
un couteau	knife
un poignard	dagger
le poison	poison
un coup de poing	punch

la police

police

un policier	policeman
un gendarme	policeman (*in small town*)
un CRS	riot policeman
un détective	detective
un commissaire	superintendent
le commissariat	police station
la gendarmerie	police station (*in small town*)
le poste de police	police station
un constat	report
les recherches (*f*)	investigations
une enquête	enquiry
un chien policier	police dog
un indicateur	informer
une matraque	truncheon
les menottes (*f*)	handcuffs
un casque	helmet
un bouclier	shield
le gaz lacrymogène	tear gas
une fourgonnette de police	police van
une cellule	cell

le système judiciaire	the judicial system
le procès	trial
un(e) accusé(e)	accused
la victime	victim (*male and female*)
une preuve	proof
un témoin	witness (*male and female*)
un(e) avocat(e)	lawyer
le juge	judge
les jurés (*m*)	jury
la défense	defence
une condamnation	sentence
un sursis	reprieve, suspended sentence
une remise de peine	reduced sentence
une amende	fine
la réclusion	imprisonment
la prison	prison
la prison à vie	life sentence
la peine de mort	death sentence
la chaise électrique	electric chair
la guillotine	guillotine
la mort par pendaison	hanging
une erreur judiciaire	miscarriage of justice

il a été condamné à 20 ans de réclusion
he was sentenced to 20 years' imprisonment

54. LES AVENTURES ET LES REVES
ADVENTURES AND DREAMS

jouer	to play
s'amuser	to have fun
imaginer	to imagine
arriver	to happen
se cacher	to hide
se sauver	to run off
s'échapper	to escape
chasser	to chase
découvrir	to discover
explorer	to explore
oser	to dare
faire attention	to be careful
se déguiser (en)	to dress up (as a)
faire l'école buissonnière	to play truant
jouer à cache-cache	to play hide-and-seek
prendre ses jambes à son cou	to take to one's heels
ensorceler	to bewitch
dire la bonne aventure	to tell fortunes
prophétiser	to foretell
rêver	to dream
rêvasser	to daydream
faire un rêve	to have a dream
faire un cauchemar	to have a nightmare

les aventures

adventures

une aventure	adventure
une mésaventure	misadventure
un jeu	game
un terrain de jeux	playground
un voyage	journey
la fuite	escape
un déguisement	disguise
l'inconnu (m)	unknown

un événement	event
une découverte	discovery
le hasard	chance
la chance	luck
la malchance	ill-luck
le danger	danger
un risque	risk
une cachette	hiding place
une grotte	cave
une île	island
un trésor	treasure
le courage	courage
la témérité	recklessness
la lâcheté	cowardice

les contes et légendes — fairy tales and legends

un sorcier	wizard
une sorcière	witch
un(e) magicien(ne)	magician
une fée	fairy
un enchanteur	sorcerer
un prophète	prophet, seer
un gnome	gnome
un lutin	imp, goblin
un (petit) nain	dwarf
un géant	giant
un fantôme	ghost
un revenant	ghost
un squelette	skeleton
un vampire	vampire
un dragon	dragon
un loup-garou	werewolf
un monstre	monster
un extraterrestre	extra-terrestrial
un hibou	owl
un crapaud	toad
un chat noir	black cat

un château hanté	haunted castle
une maison hantée	haunted house
un cimetière	cemetery
un vaisseau spatial	space ship
un OVNI	UFO
l'univers (m)	universe
la magie	magic
la superstition	superstition
une baguette magique	magic wand
un tapis volant	flying carpet
le balai	broomstick
une boule de cristal	crystal ball
le tarot	tarot
les lignes de la main (f)	lines of the hand
la pleine lune	full moon

les rêves

dreams

un rêve	dream
la rêverie	daydreaming
un cauchemar	nightmare
l'imagination (f)	imagination
l'inconscient (m)	subconscious
une hallucination	hallucination
le réveil	awakening

j'ai fait un beau rêve/affreux cauchemar
I've had a nice dream/horrible nightmare

sais-tu ce qui m'est arrivé hier ?
do you know what happened to me yesterday?

tu as trop d'imagination
you're overimaginative

55. L'HEURE
THE TIME

les objets qui indiquent l'heure	things that tell the time
une montre	watch
une pendule	(small) clock
une horloge	(large) clock
un réveil	alarm clock
un chronomètre	stopwatch
l'horloge parlante (f)	speaking clock
la minuterie	timer
la sonnerie	ringing
le clocher	bell tower
la cloche	bell
le cadran solaire	sun dial
le sablier	eggtimer
les aiguilles d'une montre (f)	hands of a watch
la petite aiguille	minute hand
la grande aiguille	hour hand
le fuseau horaire	time zone

quelle heure est-il ?	what time is it?
une heure	one o'clock
huit heures du matin	eight am, eight o'clock in the morning
huit heures cinq	five (minutes) past eight
huit heures et quart	a quarter past eight
dix heures et demie	ten thirty, half past ten
onze heures moins vingt	twenty to eleven
onze heures moins le quart	a quarter to eleven
midi et quart	twelve fifteen, a quarter past twelve
deux heures de l'après-midi	two pm, two o'clock in the afternoon

quatorze heures	two pm
quatorze heures trente	two thirty pm
dix heures du soir	ten pm, ten o'clock in the evening

la division du temps

divisions of time

le temps	time
l'heure (f)	time (*by the clock*)
un instant	moment, instant
un moment	moment
une seconde	second
une minute	minute
un quart d'heure	quarter of an hour
une demi-heure	half an hour
trois quarts d'heure	three quarters of an hour
une heure	hour
une heure et demie	an hour and a half
le jour	day
la journée	day
le lever du soleil	sunrise
le matin	morning
la matinée	morning
midi	noon
l'après-midi (m)	afternoon
le soir	evening
la soirée	evening
le coucher du soleil	sunset
la nuit	night
minuit	midnight

être à l'heure/en retard

being on time/late

partir à l'heure	to leave on time
être en avance	to be early
avoir de l'avance	to be ahead of schedule
être à l'heure	to be on time
arriver à temps	to arrive in time
être en retard	to be late

avoir du retard	to be behind schedule
se presser	to hurry
être pressé	to be in a hurry
se dépêcher	to hurry (up)

quand ?   when?

quand	when
depuis	since
lorsque	when
avant	before
après	after
pendant	during
tôt	early
de bonne heure	early
tard	late
plus tard	later
maintenant	now
immédiatement	immediately
déjà	already
en ce moment	at the moment
tout de suite	immediately, straight away
soudain	suddenly
tout à l'heure	presently, a short while ago
bientôt	soon
d'abord	first
ensuite	then (*next*)
enfin	finally
alors	then (*at that time*)
à ce moment-là	at that time
récemment	recently
entre-temps	meanwhile
longtemps	for a long time
il y a longtemps	a long time ago
toujours	always
jamais	never
souvent	often
parfois	sometimes
de temps en temps	from time to time
rarement	rarely

quelle heure est-il ?
what time is it?

il est deux heures
it's two o'clock

avez-vous l'heure (exacte) ?
do you have the (exact) time?

à quelle heure part le train ?
at what time does the train leave?

il est deux heures environ
it's about two o'clock

il est neuf heures pile
it's nine o'clock exactly

ma montre avance
my watch is fast

ma montre retarde
my watch is slow

j'ai mis ma montre à l'heure
I've set my watch right

il est trop tôt/tard
it's too early/late

avez-vous le temps de lui parler ?
do you have time to speak to him?

je n'ai pas le temps de sortir
I haven't time to go out

dépêche-toi de t'habiller
hurry up and get dressed

ce n'est pas encore l'heure
it's not time yet

56. LA SEMAINE
THE WEEK

lundi	Monday
mardi	Tuesday
mercredi	Wednesday
jeudi	Thursday
vendredi	Friday
samedi	Saturday
dimanche	Sunday
le jour	day
la semaine	week
le weekend	weekend
huit jours	a week
une quinzaine	fortnight
quinze jours	a fortnight
une dizaine de jours	(about) ten days
aujourd'hui	today
demain	tomorrow
après-demain	the day after tomorrow
hier	yesterday
avant-hier	the day before yesterday
la veille	the day before
le lendemain	the day after
le surlendemain	two days later
cette semaine	this week
la semaine prochaine	next week
la semaine passée	last week
la semaine dernière	last week
lundi passé	last Monday
lundi dernier	last Monday
lundi prochain	next Monday
aujourd'hui en huit	in a week's time, a week today
aujourd'hui en quinze	in two weeks' time
jeudi en huit	Thursday week
hier matin	yesterday morning
hier soir	last night (yesterday evening)

ce soir	this evening
cette nuit	last night, tonight
demain matin	tomorrow morning
demain soir	tomorrow evening
il y a trois jours	three days ago

dimanche, je suis allé à la piscine
on Sunday I went to the swimming pool

le jeudi, je vais à la piscine
on Thursdays I go to the swimming pool

je vais à la piscine tous les jeudis
I go to the swimming pool every Thursday

il vient me voir tous les jours
he comes to see me every day

à demain !
see you tomorrow!

à la semaine prochaine !
see you next week!

57. L'ANNEE
THE YEAR

les mois

janvier	January
février	February
mars	March
avril	April
mai	May
juin	June
juillet	July
août	August
septembre	September
octobre	October
novembre	November
décembre	December

the months of the year

un mois	month
un an	year
une année	year
un trimestre	term
une décennie	decade
un siècle	century
un millénaire	thousand years

les saisons

the seasons

la saison	season
le printemps	spring
l'été (m)	summer
l'automne (m)	autumn
l'hiver (m)	winter

les jours de fête

festivals

un jour férié	holiday (*one day*)
Noël	Christmas
le jour de l'an	New Year's Day
la Saint-Sylvestre	New Year's Eve
le réveillon du jour de l'an	New Year's Eve (dinner)
Pâques	Easter
Vendredi saint	Good Friday
Mardi gras	Shrove Tuesday
Mercredi des cendres	Ash Wednesday
la Pentecôte	Whitsun
la Toussaint	All Saints' Day
le quatorze juillet	French national holiday (*14th July*)
la Saint-Valentin	St Valentine's Day
le premier avril	April Fools' Day

mon anniversaire est en février
my birthday is in February

il pleut beaucoup au mois de mars
it rains a lot in March

l'été est ma saison préférée
summer is my favourite season

en hiver je fais du ski
in winter I go skiing

58. LA DATE
THE DATE

dater (de)	to date (from)
durer	to last
le passé	the past
le futur	the future
l'avenir (*m*)	the future
le présent	the present
l'histoire (*f*)	history
la préhistoire	prehistory
l'antiquité (*f*)	antiquity, ancient history
le moyen âge	Middle Ages
la Renaissance	Renaissance
la Révolution (française)	French Revolution
le vingtième siècle	twentieth century
l'an 2000	year 2000
la date	date
la chronologie	chronology
actuel(le)	present, current
moderne	modern
présent	present
passé	past
futur	future
annuel(le)	annual, yearly
mensuel(le)	monthly
hebdomadaire	weekly
quotidien(ne)	daily
journalier, journalière	daily
autrefois	in the past
jadis	in times past
naguère	formerly
longtemps	for a long time
jamais	never
toujours	always
parfois	sometimes
quand	when
lorsque	when

depuis que	since
encore	again, still
à cette époque	at that time
avant J.C.	BC
après J.C.	AD

quel jour/le combien sommes-nous ?
what date is it today?

c'est/nous sommes le premier juin 1988
it's the first of June 1988

c'est/nous sommes le 15/quinze août
it's the fifteenth of August

Paris, le 5 avril 1965
Paris, 5th of April 1965

il reviendra le 16 juillet
he'll be back on the 16th of July

il y a un an qu'il est parti/il est parti depuis une année
he left a year ago

il était une fois …
once upon a time, there was …

See also Section **57 YEAR**.

59. LES CHIFFRES
NUMBERS

zéro	zero
un(e)	one
deux	two
trois	three
quatre	four
cinq	five
six	six
sept	seven
huit	eight
neuf	nine
dix	ten
onze	eleven
douze	twelve
treize	thirteen
quatorze	fourteen
quinze	fifteen
seize	sixteen
dix-sept	seventeen
dix-huit	eighteen
dix-neuf	nineteen
vingt	twenty
vingt et un	twenty-one
vingt-deux	twenty-two
trente	thirty
quarante	forty
cinquante	fifty
soixante	sixty
soixante-dix	seventy
soixante et onze	seventy-one
soixante-douze	seventy-two
quatre-vingt(s)	eighty
quatre-vingt-un	eighty-one
quatre-vingt-dix	ninety
quatre-vingt-onze	ninety-one

cent	hundred
cent un	hundred and one
cent soixante-deux	hundred and sixty-two
deux cents	two hundred
deux cent deux	two hundred and two
mille	thousand
mille neuf cent quatre-vingt-dix	nineteen ninety
deux mille	two thousand
dix mille	ten thousand
cent mille	hundred thousand
un million	million
premier (première)	first
dernier (dernière)	last
second(e) *or* deuxième	second
troisième	third
quatrième	fourth
cinquième	fifth
sixième	sixth
septième	seventh
huitième	eighth
neuvième	ninth
dixième	tenth
onzième	eleventh
douzième	twelfth
treizième	thirteenth
quatorzième	fourteenth
quinzième	fifteenth
seizième	sixteenth
dix-septième	seventeenth
dix-huitième	eighteenth
dix-neuvième	nineteenth
vingtième	twentieth
vingt et unième	twenty-first
vingt-deuxième	twenty-second
trentième	thirtieth
quarantième	fortieth
cinquantième	fiftieth
soixantième	sixtieth
soixante-dixième	seventieth
soixante et onzième	seventy-first

quatre-vingtième	eightieth
quatre-vingt unième	eighty-first
quatre-vingt dixième	ninetieth
quatre-vingt onzième	ninety-first
centième	hundredth
cent vingtième	hundred and twentieth
deux centième	two hundredth
millième	thousandth
deux millième	two thousandth
le chiffre	figure
le nombre	number
le numéro	number (*telephone, house etc*)

cent/mille francs
a/one hundred/thousand francs

le huitième et le onzième
the eighth and the eleventh

un grand nombre d'élèves
a large number of pupils

deux virgule trois (2,3)
two point three (2.3)

un million de francs français
one million French francs

5 359
5,359

60. LES QUANTITES
QUANTITIES

calculer	to calculate
compter	to count
peser	to weigh
mesurer	to measure
partager	to share
diviser	to divide
distribuer	to distribute
répartir	to share out
remplir	to fill
vider	to empty
enlever	to remove
diminuer	to lessen, to reduce
augmenter	to increase
ajouter	to add
suffire	to suffice, to be enough
rien	nothing
aucun	no, not any
tout	everything
tout le/toute la ...	all the ..., the whole ...
tous/toutes les ...	all the ..., every ...
quelque chose	something
quelques	some
plusieurs	several
chaque	every
chacun(e)	everybody
un peu	a little
un peu de	a little bit of, some
peu de	few
beaucoup	a lot, much
beaucoup de	a lot of, many
pas de ...	no ...
plus de	no more
plus (de)	more
moins (de)	less

la plupart (de)	most
assez (de)	enough
trop (de)	too much/many
environ	about
autour de	around
à peu près	about
plus ou moins	more or less
à peine	scarcely
tout juste	just
tout à fait	absolutely
tout au plus	at the most
encore	again
seulement	only
au moins	at least
la moitié (de)	half
le/un quart (de)	a quarter (of)
un tiers	a third
et demi(e)	and a half
un et demi	one and a half
deux tiers	two thirds
trois quarts	three quarters
le tout	the whole
rare	rare
nombreux (nombreuse)	numerous
innombrable	innumerable
suffisant	enough
superflu	excessive
égal	equal
inégal	unequal
plein	full
vide	empty
seul	single
double	double
triple	treble
un tas (de)	a heap/lots (of)
une pile (de)	a stack (of)
un morceau (de)	a piece (of)

une tranche (de)	a slice (of)
une pièce (de)	a piece (of)
un verre (de)	a glass (of)
une bouteille (de)	a bottle (of)
une assiette (de)	a plate (of)
une boîte (de)	a box/tin (of)
un paquet (de)	a packet (of)
une bouchée (de)	a mouthful (of) (*food*)
une gorgée (de)	a mouthful (of) (*drink*)
une cuillerée (de)	a spoonful (of)
une poignée (de)	a handful (of)
une paire (de)	a pair (of)
un grand nombre de	a large number of
une foule (de)	lots/a crowd (of)
la part	share
une partie (de)	part (of)
la moitié	half
un tiers	third
un quart	quarter
une douzaine	dozen
une demi-douzaine (de)	half a dozen
une centaine (de)	about a hundred
des centaines (*f*)	hundreds
un millier (de)	about a thousand
des milliers (*m*)	thousands
le reste (de)	the rest/remainder (of)
la quantité	quantity
le nombre	number
l'infini (*m*)	infinity
la moyenne	average
un calcul	calculation
le poids	weight

poids et mesures	**weights and measurements**
un gramme	gramme
une livre	half kilo
un kilo	kilo
une tonne	1000 kg, tonne
un litre	litre
un centimètre	centimetre
un mètre	metre
un kilomètre	kilometre

See also Section **59 NUMBERS**.

61. LES QUALITES
DESCRIBING THINGS

une chose	thing
un machin	thing
un truc	thing
une sorte de	a kind of
la grandeur	size
la taille	size
la largeur	width, breadth
la hauteur	height
la profondeur	depth
la beauté	beauty
la laideur	ugliness
l'aspect (m)	appearance
la forme	shape
la qualité	quality
le défaut	drawback
l'avantage (m)	advantage
le désavantage	disadvantage
l'inconvénient (m)	disadvantage
grand	tall, big
petit	small
énorme	enormous
minuscule	tiny
microscopique	microscopic
large	wide
étroit	narrow
épais(se)	thick
gros(se)	big, large, fat
mince	thin, slim
maigre	thin
plat	flat
profond	deep
peu profond	shallow
long (longue)	long
court	short

haut	high
bas(se)	low
beau (belle)	lovely, beautiful
bon(ne)	good
meilleur	better
le meilleur	the best
important	important
principal	main
joli	pretty
merveilleux (merveilleuse)	marvellous
formidable	great, terrific
chouette	great
sensationnel(le)	great, terrific
magnifique	magnificent
grandiose	imposing
superbe	superb
fantastique	fantastic
remarquable	remarkable
surprenant	surprising
extraordinaire	exceptional
normal	normal
varié	varied
bizarre	strange
étrange	strange
excellent	excellent
parfait	perfect
laid	ugly
mauvais	bad
médiocre	mediocre
pire	worse
le pire	the worst
abominable	abominable
épouvantable	appalling
affreux (affreuse)	dreadful
exécrable	atrocious
léger (légère)	light
lourd	heavy
dur	hard
ferme	firm
solide	solid, sturdy

mou (molle)	soft, limp
doux (douce)	soft
tendre	tender
délicat	delicate
fin	fine
lisse	smooth
chaud	hot, warm
froid	cold
tiède	lukewarm, tepid
sec (sèche)	dry
mouillé	wet
humide	damp
liquide	liquid, runny
simple	simple
compliqué	complicated
difficile	difficult
facile	easy
possible	possible
impossible	impossible
pratique	practical, handy
utile	useful
inutile	useless
nécessaire	necessary
essentiel(le)	essential
vieux (vieille)	old
ancien(ne)	ancient
neuf (neuve)	new
nouveau (nouvelle)	new
moderne	modern
démodé	out of date
frais (fraîche)	fresh, cool
propre	clean
sale	dirty
dégoûtant	disgusting
courbe	curved
droit	straight
rond	round
circulaire	circular
ovale	oval

rectangulaire	rectangular
carré	square
triangulaire	triangular
allongé	oblong, elongated
très	very
trop	too
plutôt	rather
assez	quite
bien	well
mal	badly
mieux	better
le mieux	the best
de première qualité	of top quality
de mauvaise qualité	of poor quality

à quoi ça sert ?
what's it for?

See also Section **62 COLOURS**.

62. LES COULEURS
COLOURS

la couleur	colour
argenté	silver
beige	beige
blanc(he)	white
bleu	blue
bleu ciel (*same f*)	sky blue
bleu marine (*same f*)	navy blue
bleu roi (*same f*)	royal blue
brun	brown
chair (*same f*)	flesh-coloured
doré	gold, golden
gris	grey
jaune	yellow
marron (*same f*)	brown
mauve	mauve
noir	black
or (*same f*)	gold, golden
orange	orange
orangé	orange
rose	pink
rouge	red
turquoise	turquoise
vert	green
violet(te)	purple
sombre	dark
vif (vive)	vivid
pâle	pale
uni	plain
multicolore	multicoloured
clair	light
foncé	dark
vert clair (*same f*)	light green
vert foncé (*same f*)	dark green

63. LES MATERIAUX
MATERIALS

véritable	real
naturel(le)	natural
synthétique	synthetic
artificiel(le)	artificial
la matière	material, substance
la composition	composition
la substance	substance
la matière première	raw material
un produit	product
la terre	earth
l'eau (*f*)	water
l'air (*m*)	air
le feu	fire
la pierre	stone
la roche	rock
le minerai	ore
le minéral	mineral
les pierres précieuses (*f*)	precious stones
le cristal	crystal
le marbre	marble
le granit	granite
le diamant	diamond
l'argile (*f*)	clay
le pétrole	oil, petroleum
le gaz	gas
le gaz naturel	natural gas
le métal	metal
l'aluminium (*m*)	aluminium
le bronze	bronze
le cuivre	copper
le laiton	brass
l'étain (*m*)	tin, pewter
le fer	iron
l'acier (*m*)	steel

le plomb	lead
l'or (m)	gold
l'argent (m)	silver
le fil de fer	wire
le bois	wood
le pin	pine
l'osier (m)	cane, wickerwork
la paille	straw
le bambou	bamboo
le contre-plaqué	plywood
le béton	concrete
le ciment	cement
la brique	brick
le plâtre	plaster
le mastic	putty
la colle	glue
le verre	glass
le carton	cardboard
le papier	paper
le plastique	plastic
le caoutchouc	rubber
la terre cuite	earthenware
la porcelaine	porcelain, china
le grès	stoneware, sandstone
la cire	wax
le cuir	leather
la fourrure	fur
le daim	suede
l'acrylique (m)	acrylic
le coton	cotton
la dentelle	lace
la laine	wool
le lin	linen
le nylon	nylon
le polyester	polyester
la pure laine vierge	pure new wool
la soie	silk
le tissu synthétique	synthetic/man-made material
la toile	canvas
la toile cirée	oilcloth

le tweed	tweed
le cachemire	cashmere
le velours	velvet
le velours côtelé	cord

cette maison est en bois
this house is made of wood

64. LES DIRECTIONS
DIRECTIONS

demander	to ask
indiquer	to show, to point out
montrer	to show
prenez	take, follow
continuez	keep going
suivez	follow
passez devant	go past
tournez	turn
retournez	go back
reculez	reverse
tournez à droite	turn right
tournez à gauche	turn left

la direction

directions

la gauche	left
la droite	right
à gauche	on/to the left
à droite	on/to the right
tout droit	straight ahead

les points cardinaux

the points of the compass

le sud	south
le nord	north
l'est (*m*)	east
l'ouest (*m*)	west
le nord-est	north-east
le sud-ouest	south-west
où	where
devant	in front of
derrière	behind

dessus	over, on top
dessous	under
à côté de	beside
en face de	opposite
au milieu de	in the middle of
le long de	along
au bout de	at the end of
entre	between
après	after
après les feux	after the traffic lights
juste avant	just before
pendant ... mètres	for ... metres
au prochain carrefour	at the next crossroads
la première à droite	first on the right
la deuxième à gauche	second on the left

pouvez-vous m'indiquer comment aller à la gare ?
can you tell me how to get to the station?

est-ce loin d'ici ?
is it far from here?

à dix minutes d'ici
ten minutes from here

à 100 mètres d'ici
100 metres away

à gauche de la poste
to the left of the post office

au sud de Bordeaux
south of Bordeaux

INDEX

INDEX

INDEX

INDEX

INDEX

INDEX

INDEX

INDEX

INDEX

INDEX